COFFEE Cantata

Barista Service 바리스타 이론과 실제

송성인 · 최재희 공저

기문사
www.kimoonsa.co.kr

머리말

커피는 대중적 음료이다. 커피를 마시는 것은 곧 휴식이며 어떠한 공간이라도 편안한 분위기를 연출하는 충전의 마력을 지녔다. 필자의 지난 유럽 여행 중 어느 격조 있고 정겨운 분위기의 카페 골목거리에서 한 잔의 커피 향을 음미하면서 소소한 삶을 즐기는 그곳 사람들의 일상 생활을 보면서 그들의 참다운 여유와 인생의 아름다움을 느끼었다.

그 중, 1720년 오픈했다는 가장 오래된 베네치아 산마르코 광장의 카페 '플로리안'에서 마셨던 에스프레소 한 잔은 나에게 오랫동안 잊을 수 없는 깊은 감흥과 삶의 의미를 만들어 주었다.

이 책의 제목으로 원용한 '커피 칸타타(Coffee Cantata)'는 독일의 음악가 요한 세바스챤 바흐(Johann Sebastian Bach)의 유명한 아리아 명곡이다. 아리아 내용은 커피를 광적으로 좋아하는 딸(리스헨)과 커피를 제발 그만 마시라고 다그치는 아버지가 실랑이를 벌이며 주고받는 풍자적인 아리아다. 작품 중 커피 향을 표현하는 플루트 악기의 아름다운 선율은 매우 훌륭한 예술적 걸작이라고 할 수 있다.

종교음악의 대부로 일컬어지는 바흐가 이처럼 대중을 위한 희극적 작품은 '커피 애호가로서 커피에 대한 헌정'이라는 견해도 있다. 그는 바흐 자신도 "모닝커피가 없으면, 나는 그저 말린 염소고기에 불과하다"는 말을 남길 정도로 커피를 사랑한 예술가였다.

바흐의 '커피 칸타타'는 커피 관련수업을 시작하면서 강의 배경음악으로 유용하게 활용하거나 개요를 항상 먼저 소개하는 자료이기도 하다.

이 책은 두 가지 목적으로 집필되었다. 첫째는 저자가 지금까지 커피관련 강의를 하면서 좀 더 효율적 강의를 위한 체계화된 내용과 방법에 대한 문제의식이었다. 따라서 여러 기존 자료의 부족한 부분에 대해서는 좀 더 구체적이고 실제적인 내용을 편집 보완하였다. 둘째는 이 분야의 전공자는 물론 일선 관련 업체의 종사자에게 필요한 실무적 내용과 핵심적 내용을 중심으로 이론적 배경과 실무적 내용을 쉽게 이해하고 배울 수 있도록 편성하였다.

따라서 이 책에서는 각 장과 절의 내용을 핵심 키워드를 중심으로 구분 편집하여 강의와 학습을 효율적으로 진행할 수 있도록 구성하였다.

저자는 이 책을 집필하는 과정에서 좀 더 알찬 내용을 위해 나름대로 많은 노력을 기울였으나 자신의 소양과 표현의 미흡함을 느끼며 이 점은 동학 여러분의 아낌없는 비판과 조언으로 나중에 좀 더 완성된 책으로 거듭나길 바란다. 끝으로 이 책이 출간되기까지 격려와 조언을 해주신 여러분께 감사드리며, 특히, 자료의 수집과 교정 작업에 수고를 아끼지 않은 제자들에게 고마움을 전하고 싶다. 그리고 늘 변함없는 관심으로 이 책의 출판을 위해 수고해 주신 기문사 출판사 임직원 여러분에게도 감사의 말씀을 드린다.

2019년 2월

저자

차 례

부록 243

COFFEE
KAHVIPUU
CANTATA

커피의 역사와 문화

COFFEE
CANTATA

I 커피의 역사와 문화

1 커피의 어원과 발견

1) 커피의 어원

커피(Coffee)라는 말의 어원은 다양하다. 에티오피아에서 힘을 뜻하는 카파(Kaffa)에서 아라비아는 카와(Qahwa, 와인의 의미)로, 터키에서는 'Kahve'(카흐베)를 거쳐 유럽으로 건너가 프랑스에서 카페(Cafe) 등으로 불린다.

'카파(Kaffa)'는 '힘'을 뜻하는 에티오피아 단어인 동시에 야생의 커피나무가 자라는 지역의 이름이기도 하며 독일에선 Kaffee, 네덜란드에선 Koffie 등 각 나라의 언어로 불리게 되었고 지금은 우리가 친숙하게 부르는 영어 단어 '커피(Coffee)'가 되었다.

2) 커피의 발견

커피의 기원은 '칼디(Kaldi)의 전설', '오마르(Omar)의 전설', '마호메트(Mahomet)의 전설' 등 여러 가지 설이 있으나 일반적으로 칼디의 전설이 가장 널리 알려져 있다.

(1) 칼디설

에티오피아의 고원지대에 칼디라는 목동이 기르던 염소들이 체리처럼 생긴 빨간 열매를 먹은 후 흥분해서 날뛰며 춤을 추듯 활발하게 움직이는 모습을 발견하였다. 칼디도 호기심에 빨간 열매를 먹은 후 신기하게도 피로감이 사라지고 그 또한 흥분되어 염소들과 함께 미친 듯 춤을 추었다고 한다. 그 후 그 열매가 수도승에게 알려져 기도와 수행생활을 장시간 할 수 있도록 종교적인 목적으로 사용되었다고 전해진다.

(2) 오마르설

오마르에 관한 설은 아라비아 이슬람 승려인 세이크 오마르가 죄를 짓고 아라비아 오우삽(Ousab)으로 추방된 뒤 배고픔에 못 이겨 산속을 헤매고 다니다가 한 마리의 새가 빨간 열매를 쪼아 먹는 것을 보고 자신도 열매를 따 먹어 보니 피로가 풀리고 심신에 활력이 되살아나는 사실을 알아내었다. 그 뒤로부터 그 열매를 이용해 많은 환자들의 병을 낫게 하고 구제하였다. 이 일로 그동안의 죄가 풀리고 왕으로부터 사면을 받고 이슬람 성자로 존경받게 되었다고 전해진다.

(3) 마호메트 설

마호메트는 이슬람교의 창시자이자 예언가이다. 또 다른 이름은 무함마드로 불리기도 하다.

마호메트의 전설은 한 도시에 이름 모를 심각한 역병이 돌게 되었는데 그 역병은 점점 널리 퍼지게 되면서 마호메트 또한 역병에 걸리게 되었다. 그렇게 그는 역병으로 시름시름 앓고 있던 어느 날 마호메트의 꿈속에 천사인 가브리엘이 나타나서 커피를 보여주며 효능과 쓰임새를 알려 주었다고 한다. 꿈에서 깬 마호메트는 꿈속에서 가브리엘이 알려준 커피를 찾게 되었고 천사 가브리엘이 알려준 방식으로 커피를 마신 후 마호메트는 역병이 치료되어서 건강을 되찾았다. 또한 신도들에게도 커피에 대해 알려주어 역병을 고쳐주고 기도생활에도 도움을 줄 것이라고 알려 커피가 점점 알려지게 되었다.

3) 커피의 전파과정

커피가 처음으로 문헌에 등장한 것은 페르시아의 의사 라제스(Rhazes, 850~922년)의 저서이다. 커피를 Bunca 또는 Bunchum이라고 불렀으며 1,000년경 아랍의 또 다른 저명한 의사이며 철학자인 아비세나(Avicenna, 980~1037년)는 처음으로 커피의 약리 효과에 대해 기술하였는데 그도 커피를 Bunchum이라고 불렀다.

그 당시만 해도 커피가 약용이나 종교 의식에 주로 사용되었으며 본격적으로 커피가 음료로 애용된 것은 이슬람 문화권에 의해서이다. 이슬람은 술을 마시는 것을 금했기 때문에 커피가 이를 대체하게 되었으며 그 당시 이슬람권을 지배했던 오스만 튀르크 제국(지금의 터기)에 의해 음료로 자리매김하게 되었다.

(1) 프랑스

프랑스 최초의 커피숍 프로코프(Café de Procope)는 1686년 이탈리아의 기업가 '프란체스코 프로코피오 콜텔리(Francesco Procopio Colteli)' 에 의해 '카페 르 프로코프(Cafe Le Procope)' 문을 열었으며, 프랑스 해군 장교 '가브리엘 마티유 드 클리외(Gabriel Mathieu de Clieu)' 는 커피나무를 프랑스에서 마르티니크 섬으로 가져와 재배에 성공하게 되고, 대부분의 중앙아메리카, 남아메리카 멕시코 지역까지 커피 재배지가 확산되는 시작이 되었다. 1720년 카리브 해에 있는 마르티니크(Martinique) 섬에 커피나무를 이식하였으며, 카리브해와 중남미 지역에 커피가 전파되는 계기가 되었다.

프랑스에서 아메리카로 커피가 건너가게 된 사연에는 특별한 일화가 있다. 1714년 네덜란드로부터 들어온 커피나무는 파리의 왕립 식물원에서 잘 자라고 있었다. 이때 아메리카의 프랑스령 군도인 '마르티니크' 로 발령받은 해군 장교 '가브리엘 마티유드 클리외' 는 임지로 가기에 앞서 식물원에서 기념으로 가져갈 커피나무를 가지고 나왔다. 그는 나무를 유리박스에 넣어 잘 보관함으로써 항해 중 소금기로 인해 나무가 죽는 것을 방지했고, 물이 모자랄 때는 자신이 마실 식수까지 부어주면서 세심하게 노력을 기울였다. 마침내 '클리외' 는 1723년에 커피나무를 안전하게 '마르티니크' 로 운반하는데 성공했다. 1777년 '마르티니크' 에는 1천900만 그루의 커피나무가 자라고 있었고, 이곳의 묘목은 다시 아이티와 산토토밍고, 과텔로프 등지로 보내졌다. 이 나무들은 다시 브라질과 콜롬비아를 비롯한 중남미 전역으로 확산되어 세계최대의 커피 생산국으로 만들었다.

(2) 영국

1650년 영국 옥스퍼드에 최초의 커피하우스가 유태인인 야곱(Jacob)에 의해 옥스퍼드에 오픈되었고, 런던에서는 1652년 파스콰 로제(Pasqua Rosé)에 의해 최초의 커피하우스 문을 열게 된다.

1688년 에드워드 로이드(Edward Lloyd' s)에 의해 커피하우스를 열었는데, 커피 고객들에게 선박운송과 보험 등의 중개소 역할을 하면서 오늘날 세계적인 로이드 보험회사로까지 발전하는 계기가 되었다.

(3) 미국

1670년 최초 커피숍 거트리지 커피하우스(Gutteridge coffee house)가 처음으로 문을 열었으며, New York에서는 1683년 커피 원두 시장이 형성되었다.

1696년 뉴욕에서는 최초의 커피숍 더 킹스 암스(The King' s Arms)가 최초의 커피숍으로 자리를 잡게 되었다.

(4) 이탈리아

1616년 베니스의 무역상들에 의해 커피가 처음 유럽에 소개되었다. 처음에는 이교도들이 마시는 음료라는 이유로 금기되었으나 교황 클레멘트 8세(Clement VIII)가 마셔본 후 이렇게 황홀한 음료를 이교도들만 마시게 할 수 없다고 커피에 세례를 주었으며, 이후 널리 퍼지게 되었다고 한다. 그 후 1645년 베니스에 유럽 최초의 커피 하우스를 열었으며, 1720년 오픈한 카페플로리안(Caffe Florian)은 지금까지 관광객들이 찾는 유명한 카페로 자리하고 있다.

카페 '플로리안(Cafe Florian)'

1720년 오픈한 카페 '플로리안(Cafe Florian)' 지금도 자리하고 있다.

카페 '플로리안(Cafe Florian)' 내부

산마르코 광장 커피숍

(4) 네덜란드

1616년 네덜란드 상인이 예멘 모카에서 커피나무를 훔쳐 암스테르담 식물에서 재배하였으며 1658년 실론에서 커피나무를 처음 심게 되었다. 그 후 1696년 인도네시아 자바섬에 경작하게 되고 암스테르 식물원에서 자란 커피나무가 프랑스 루이 14세에게 증정되었다.

2 우리나라와 외국의 커피문화

1) 우리나라의 커피문화

(1) 도입과 발전과정

우리나라 최초의 커피 유래는 1896년 고종황제의 아관파천으로 러시아 공사 베베르가 커피를 소개함으로써 고종황제가 즐겨 마셨다는 기록에 의해 알려졌다. 왕실로 돌아온 고종은 커피를 즐겨 마셨는데, 당시 커피를 '서양에서 들어온 국물' 이라 하여 이를 '양탕국' 이라 하였다. 이후 왕실과 고급관료를 거쳐 양반들에게 전해졌지만 서민들에게 알려진 것은 1897년 덕수궁 뒷편의 2층 구조의 호텔 내 '정동구락부' 라고 불리는 커피숍이 등장하면서부터이다. 아관파천 당시 베베르 공사의 처형인 손탁이 고종황제의 식수발을 들었는데, 그 공로로 하사받은 정동 땅에 손탁호텔을 짓고, 1층에 레스토랑 겸 커피숍을 운영하였다. 경술국치 이후 찻집은 종로와 광화문 일대에 들어섰지만 상류층이나 일본인들이 주로 이용하였다.

❶ 근대적 다방의 출현

우리나라 최초의 공식 다방은 1923년 일본인에 의해 명동에서 이견(후다미)이 문을 열면서 시작되었다. 1928년 한국인이 만든 최초 서민 다방은 영화감독

출신인 이경손이 관훈동에 개점한 '카카추' 였다. 1929년에는 최초의 전문 다방이라고 할 수 있는 '멕시코' 가 문을 열었다. 이 시대의 다방은 문화, 예술, 문학, 철학의 중심적 역할을 하는 공간이였다. 이후 1930년대 이상의 제비, 쓰루, 69, 무기 등의 다방이 개점했고 종로, 명동, 충무로, 소공동 등에 커피 파는 다방들이 생기면서 '다방 전성시대' 가 되었다. 이후 1940년대는 음악 다방인 휘가로가 인기를 끌었고, 이후 해방되면서 명동으로 다방의 중심이 옮겨졌다.

❷ 인스턴트 커피의 출현

1950년대는 6.25전쟁 때 주한미군을 통해 인스턴트 커피가 들어오면서 우리나라 커피문화를 바꾸는 계기가 되었다. 인스턴트 커피로 인해 1960년대 1,041개로 다방이 급격히 늘어나면서 다방 문화가 전성기를 이루었다. 다방 '문예싸롱' 에서 "문예"라는 잡지가 발간되어 출판기념회를 열기도 했다. 특히 1968년부터 미원음료의 전신인 미주산업의 MJC 원두커피가 생산 시판되고, 이듬해에 동서식품의 맥스웰 배전두커피가 본격적으로 제조되었다.

❸ 프리마와 자판기 커피의 등장

1970년대 맥스웰하우스라는 인스턴트 커피와 고유대명사가 되어버린 프리마가 만들어지면서 다방커피가 생겨났다. 이때부터 마담과 레지가 등장했으며 다방은 만남의 장소, 데이트 장소로 인기를 누렸다. 이후 음악다방이 생기면서 DJ라는 신종직업이 생겨났다. 1978년 커피 자판기가 등장하면서 커피역사의 일대 혁신이 일어나 다방보다 싼 커피를 즐길 수 있게 되었다.

❹ 커피전문 체인점의 출현

1982년 동서식품에서 진공 동결건조된 커피인 맥심이 출시되면서 커피의 황금비율인 223(커피 2스푼, 프리마 2스푼, 설탕 3스푼)이 탄생하였다. 이후 커피믹스가 개발되어 인기를 누리고 있다.

88올림픽 이후 1988년 12월 서울 압구정동에 커피전문 체인점인 쟈뎅(Jardin) 1호점이 생기면서 커피전문점의 대중화를 이끌어 냈다. 당시 셀프서비스가 처음 선 보였지만 익숙하지 못한 고객들로부터 외면을 당해 곧 사라졌다.

❺ 테이크 아웃 커피점의 확산

1997년 IMF 구제금융 신청으로 환율이 치솟아 생두를 직접 수입해서 로스팅하는 업체가 생겨났으며 1999년 스타벅스가 이화여대 앞에 1호점을 오픈하여 에스프레소 커피와 셀프서비스, 테이크아웃이라는 새로운 문화를 선도해 감으로써 우리나라 브랜드 커피전문점 시대를 열었다.

(2) 현재의 트렌드

농림축산식품부 조사에 따르면 자주 마시는 커피 유형을 묻는 질문에 전체 응답자 기준 가장 많은 응답을 받은 항목은 '믹스커피'(29.5%)로 나타났다. 그 뒤를 '에스프레소 머신으로 내린 커피'(23.6%), '컵 · 캔커피'(23.1%), '솔루블 커피'(17.2%)가 이었다. 다만, 성별 · 연령별 응답자에 따라 다른 응답 패턴을 확인할 수 있다. 남성의 경우 여성보다 '컵 · 캔커피를 자주 마신다'는 응답 비중이 11.8% 높았다. 반면, 여성은 '에스프레소 머신으로 내린 커피', '솔루블 커피(카누, 비아 등)'를 마신다는 응답 비중이 남성보다 높았다. 연령별로 볼 때 눈에 띄는 점은 20대의 경우 '컵 · 캔커피', '에스프레소 머신으로 내린 커피' 응답 비중이 높은 반면, 40대의 경우 '에스프레소 머신으로 내린 커피'보다 '솔루블 커피', '믹스 커피'의 응답 비중이 높은 것이다. 40대가 인스턴트 형태로 만들어진 커피를 선호하는 경향을 확인할 수 있다.

그러면, 우리가 커피 전문점에서 마시는 커피 종류 중 가장 좋아하는 커피는 데이터랩 출처의 데이터를 통해 커피 종류별 키워드 관심도를 살펴본 결과 성 · 연령과 상관없이 압도적인 검색량을 기록한 커피는 '아메리카노'였다. 그 외 커피 종류별 관심도의 경우 성 · 연령별로 각기 다른 패턴을 보이는 가운데,

남성보다 여성이 아메리카노를 제외한 커피 종류에 대한 관심이 비교적 높은 것으로 나타났다.

이와 같은 행태는 최근 '홈 카페' 에 대한 관심의 증가가 행동에 반영된 것으로 해석할 수 있다. '홈 카페' 키워드 검색량은 2016년 이후로 증가 추세를 보였으며, 가정용 커피메이커의 수입량은 지난 10년 사이 약 3배 이상 증가했다. 이와 같은 경향은 집에서 주로 마시는 커피 유형이 무엇이냐는 설문 조사 결과에서도 동일하게 확인할 수 있다. 트렌드 모니터 조사 결과 집에서 주로 마시는 커피 유형으로 '커피머신기를 이용한 커피' 를 언급한 응답률은 2014년 35%에서 2017년 47.2%로 크게 증가한 반면, '타 먹는 인스턴트커피', '믹스커피', '캔, 컵, 유리병 형태로 판매되는 커피' 에 대한 응답은 모두 감소했다.

2) 외국의 커피문화

(1) 미국

미국에서는 18세기부터 커피를 마시기 시작하여 지금은 미국인들에게 가장 많이 마시는 음료가 커피일 정도로 미국인들의 삶의 일부분이 된 커피이다. 카페에서 식사와 함께 마시거나 일을 하면서 커피를 마시는 것이 일상적이다. 특히, 미국에서는 테이크아웃 커피전문점이 발달하여 자리에 앉아서 마시는 커피문화보다는 들고 다니면서 마시는 커피문화로 변모시켰다.

미국의 대표 커피로는 아메리칸 커피로 우리가 흔히 '아메리카노' 라고 불리는 커피로 보통 엷고 담백한 커피를 즐기는 미국 사람들을 위하여 에스프레소에 물을 넣어서 설탕이나 크림을 넣지 않고 큰 잔에 담아서 마신다. 자신의 취향에 따라서 물을 많이 넣거나 덜 넣어서 맛을 조절한다.

시애틀의 라마르조코(la marzocco) 커피숍(2018.9)

시애틀 스타벅스 본점 1호 내부(2018.9)

(2) 프랑스

프랑스는 전 세계적으로 카페문화가 가장 발달된 나라이다. 프랑스의 어느 곳을 가더라도 야외 카페를 비롯하여 수많은 카페들을 발견할 수 있을 정도이다. 카페문화가 발전하면서 담론문화로 사람들이 모여 이야기하는 일이 많아졌으며 이로 인하여 프랑스의 문화, 예술이 발달했다고 할 수 있을 만큼 커피는 프랑스에게 없어서는 안 될 존재라고 할 수 있다.

유럽에서 에스프레소가 유행하던 시절 프랑스에서는 점점 늘어나던 카페에서 담론문화를 즐기며 보다 여유롭게 커피를 마시기 위하여 카페오레라는 커피가 발달하였다고 한다. '카페오레'는 우유를 넣은 커피란 뜻으로 보통은 카페라테와 같은 것으로 생각할 수 있지만 실제로 카페라테는 에스프레소에 우유를 넣고 카페오레는 드립커피에 우유를 넣어서 마시는 것이다. 프랑스에서 발달한 또 다른 커피로는 나폴레옹이 즐겨 마셨다고 전해지는 왕족커피 '카페로얄' 컵에 커피를 넣고 스푼에 브랜드와 각설탕을 얹은 뒤에 불을 붙여서 컵에 담긴 커피에 넣은 후 휘핑크림을 얹어서 마시는 것이다.

알코올과 커피 그리고 휘핑크림이 잘 조화되어서 피곤한 날에 피로를 풀어주고 기분은 안정시키는 효과가 있다고 한다. 카페오레를 즐길 때는 일반 카페라테보다 단맛이 느껴지니 취향에 맞도록 우유의 양을 조절하면 된다.

파리의 '앙젤리나(Angelina)' 커피숍

파리의 '앙젤리나(Angelina)' 커피숍에서

(3) 러시아

러시아는 커피문화가 정착된 지 오래된 곳으로 한국의 고종이 커피를 처음 접하게 된 곳도 바로 러시아대사관이었다. 러시아에서는 커피를 자주 마시기도 하지만 그 종류 또한 다양하므로 크림, 우유, 과일조각, 아이스크림 등을 넣어서 마시거나 코냑을 부어서 마시기도 한다. 러시아의 대표커피로는 '러시안 커피'가 있는데 코코아 가루를 커피에 붓고 설탕을 넣어서 마시는 커피라고 한다. 지방에 따라서 우유나 크림을 추가하거나 설탕 대신에 잼을 넣어서 단맛을 내기도 한다. 보통 커피를 마실 때는 단 베이커리 종류도 함께 즐기는 것이 보통이다.

(4) 이탈리아

이탈리아에서의 커피는 일상이다. 이른 아침부터 밤까지 커피를 마시는 이들에게 아침엔 코냑을 넣어서 즐기기도 하며 보통 하루에 3번씩은 커피 브레이크를 가지며 하루에 3잔 이상의 커피를 마신다. 일반적으로 자주 마시는 카페라테, 카푸치노, 마끼야토, 아포카토 등의 커피용어도 바로 이탈리어일 정도로 커피문화는 이탈리아에서 크게 발전했다고 볼 수 있다.

피렌체의 카페 '질리(GiLLIi)' 커피숍

'질리(GiLLi)' 에서 마셨던 에스프레소

카페 '질리(GiLLi)' 내부 모습

이탈리아의 대표 커피는 '에스프레소' 로 강하게 볶은 원두를 분쇄한 커피가루를 이용하여 커피를 추출한 뒤에 데미타세라는 작은 잔에 담아서 마신다. 공기를 압축하여 짧은 시간에 커피를 추출하기 때문에 진하지만 카페인의 양도 적으며 커피의 순수한 맛도 그대로 느낄 수 있다는 특징이 있다. 에스프레소는 꼭 원샷으로 해야 한다거나 설탕을 넣으면 안 된다는 말도 있지만 실제로 이탈리아에서는 나누어 마시거나 설탕을 넣어 마시는 등 자신의 취향에 따라 즐긴다. 카페라테와 비슷한 '카푸치노' 도 이탈리아의 대표 커피로 에스프레소에 우유를 넣고 시나몬 가루나 초콜릿 파우더를 넣어서 마시기도 한다. 카페라테와 비슷하지만 우유의 함량이 다르고 파우더가 들어가기 때문에 다른 커피로 분류된다. 인구당 카페가 가장 많은 국가로 카페에서는 서서 마시는 것이 일상이고 뜨거운 커피보다는 미지근한 커피를 선호한다.

(5) 오스트리아

오스트리아 사람들에게 커피는 단순히 마시는 음료가 아닌 그들의 음악적인 여유와 아름다움을 반영한 하나의 문화로 자리 잡았다고 볼 수 있다. 특히, 아침식사로 커피와 함께 크로와상을 즐기는 '비엔나식 아침' 이 유행이다. 유명한 비엔나 커피를 본 고장에서는 '아인슈패너(Einspanner)' 라고 부른다.

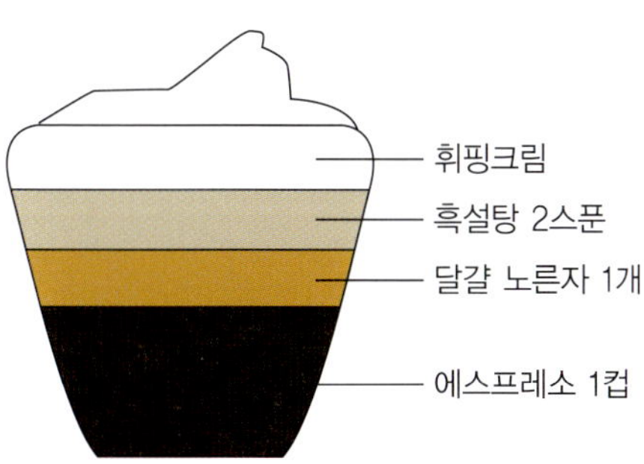

비너멜랑쉬(WINER MELANGE)

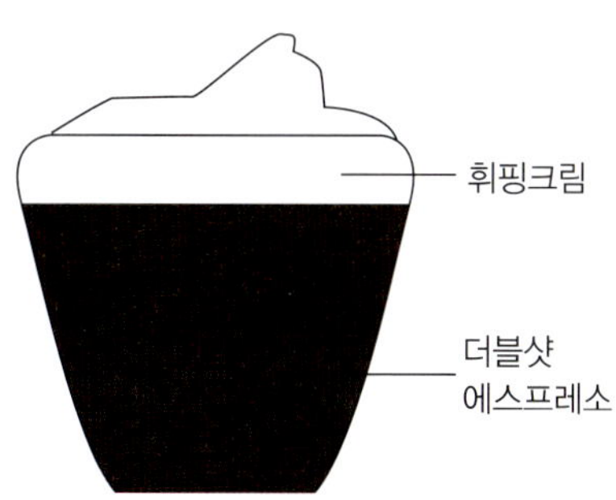

아인슈패너(EINSPANNER)

(6) 그리스

아침, 오후 3시, 5시에 커피를 즐겨 마신다. 커피를 마시고 난 후에 잔을 엎어서 커피가 그리는 모양으로 앞날을 예측하는 커피 점으로 유명하다. 커피에 우유를 넣어 마시는 것을 좋아하고, 케이크, 치즈, 파이 등과 함께 먹는다.

■커피속담

수천 번의 입맞춤보다도 달콤하고, 맛 좋은 포도주보다도 순한 커피
아~아, 커피의 기막힌 맛이여/
그건 천 번의 키스보다 멋지고 마스카트의 술보다 달콤하다.
혼례식은 못 올릴망정. 바깥출입은 못할망정, 커피만은 끊을 수 없다.

– 바흐의 '커피 칸타타' –

커피를 빼놓고는 그 어떤 것도 좋을 수가 없다.
한 잔의 커피를 만드는 원두는 나에게 60여 가지의 좋은 아이디어를 준다.

※ 베토벤은 유명한 커피 애호가로써 커피를 끓일 때 한잔 당 원두 60개를 꼼꼼히 세었다고 한다.

– 베토벤 –

내 커피 잔 속에 위안이 있다.

– 빌리 조엘 (유명한 팝가수) –

좋은 커피 옆에는 언제나 에티오피아인의 친절한 미소가 있다.

– 에티오피아 속담 –

만약 내가 여자라면 커피를 향수로 뿌리고 다닐 것이다.

– 존 반드루텐 (미국의 극작가) –

터키에서는 커피라는 음료를 마신다. 이 음료는 머리를 맑게 하고 소화를 돕는다.

– 프란시스 베이컨 (영국의 철학자) –

커피는 지옥만큼 어둡고, 죽을 만큼 강하고, 사랑만큼 달콤하다.

– 터키속담 –

나에게 빚진 많은 돈은 안 갚아도 좋으니 그 대신 커피로 주게.

– 나폴레옹 (프랑스의 군인이자 황제) –

II

커피의 생산과 소비

COFFEE
CANTATA

II
커피의 생산과 소비

1 커피의 주요 생산지

1) 중남미

(1) 멕시코(Mexico)

중앙아메리카에 위치한 국가로 고도에 따라 커피등급을 나누고, 해발 1,700m 이상에서 재배되는 커피는 '알투라' 라고 하여 특별 관리한다. 지형적인 제약으로 멕시코시티 기준 남동쪽 고산지대에서 커피를 재배하며 습식 가공하는 곳이 많아 커피 맛이 부드럽고 마시기 좋다고 알려져 있다. 블렌 딩에 적합해 베이스로 많이 사용된다(대표품종 : 알투라 Altura).

(2) 과테말라(Guatemala)

대서양 유역의 열대기후 영향 아래, 지역마다 다양한 기후가 나타나 개성적인 향미를 가지고 있다. 국토 대부분은 미네랄이 풍부한 화산재 토양으로 화산에서 내뿜는 질소를 커피나무가 흡입해 스모크향이 자연스럽게 커피에 배어있다. 전체 인구의 1/4이 커피업계에 종사할 만큼 커피 산업이 발달했고 98% 이상 아라비카종을 생산하고 있다(대표품종 : 안티구아 Antigua).

(3) 온두라스(Honduras)

온두라스는 니카라과와 과테말라 사이, 카리브해와 접하고 있는 전 세계 커피 생산량 10위권 내 국가이며, 국토의 70~80%가 고지대 산악지형이고, 과테말라와 마찬가지로 커피 재배에 적합한 화산재 토양이다. 대표적인 생산지로 산타바바라, 라파스 등이 있으며 원두의 겉모양은 둥글고 전반적인 크기가 균일한 편이다. 맛의 밸런스가 좋아 블렌딩용으로 주로 사용된다(대표품종 : 온두라스 SHG).

(4) 엘 살바도르(El Salvador)

중앙아메리카에 위치한 작은 국가로 가내 수공업 형태의 커피 재배가 많다. 마야족 전통 방식으로 커피를 생산하며 버번종을 주로 재배하고 있다. 고도에 따라 등급을 부여하는데 가장 높은 등급의 커피인 SHG(Strictly High Grown)는 해발 1,200m 이상의 고도에서 재배되며 크림 같은 부드러움과 달콤함, 견과일, 감귤류, 캐러멜의 향미를 지니고 있다(대표품종 : 엘 살바도르 SHG).

(5) 니카라과(Nicaragua)

부드럽고 깨끗하며 견과류와 바닐라의 향미, 적절한 바디감을 가지고 있는데도 불구하고 저평가되고 있는 커피가 바로 니카라과 커피다. 니카라과에는 비가 자주 내리는데, 그 비는 화산성 토양에 충분한 수분을 공급하면서 복합적인 맛을 만들어 준다. 다른 중미국가에 비해 3~5개월 동안 3~5회 커피를 수확한다. 잘 익은 커피만 수확하는 니카라과 농부의 95%는 수세 가공 시설을 갖추고 있어서 100% 워시드 가공을 하고 수확 후 바로 세척과 가공이 가능하다. 그래서 커피의 품질을 보다 신선하게 유지한다. 100% 햇빛 건조를 통해 커피 안의 유기물을 살려 더욱 좋은 맛을 내기 위해 노력하고 있으며, 커피 연구를 위한 시설도 늘어나 니카라과 커피산업의 발전이 기대된다.

중앙아메리카에서도 중심에 위치한 국가로 멕시코와 과테말라의 향미를 합쳐놓은 듯한 커피를 생산하고 있다. 유기농 재배와 그늘 재배 방식을 이용해 한 가지 가공 방식을 고집하지 않고 여러 가지 방식으로 다양한 맛과 향의 커피를 생산한다. 적절한 바디감, 부드러운 신맛, 견과류의 고소함이 조화를 이룬다(대표품종 : 니카라과 SHG).

(6) 코스타리카(Costa Rica)

코스타리카에서 커피는 사회 기반을 구축해주는 경제의 원동력으로 Golden Bean이라 불린다. 100% 아라비카 커피만 생산하며 로부스타종은 1989년 법으로 금지해 향미가 우수하다. 품질 좋은 아라비카종 100%를 생산하는 코스타리카의 그린빈은 전반적으로 크기가 작고 상큼한 과일류의 신맛과 산도를 가지고 있다. 커피 생산국 가운데 면적당 생산량이 가장 높고 아라비카 커피 고유의 맛과 향을 살리는 습식 가공법을 고집해 세계적으로도 완벽한 커피로 손꼽힌다. 화산재로 형성된 기름진 토양과 온화한 기후가 만나 커피생산의 천혜의 조건을 갖춘 곳이라 불린다(대표품종 : 따라주 Tarrazu).

※ 지역커피의 특징

Tarrazu 지역 코스타리카의 대표적인 커피 재배 지역으로 고품질의 커피를 생산한다.

Brunca 지역 바디가 좋고 향미가 뛰어나다.

Turrialba 지역 부드러운 산미가 특징이다.

Valle Central 지역 부드럽고 초콜릿의 향기를 가지고 있다.

Valle Occidental 지역 복숭아, 살구의 과일 향 및 균형 있는 맛을 가지고 있다.

Tres Rios 지역 균형있는 맛을 가지고 있다.

Orosi 지역 결실기간이 길지만 균형있는 맛을 가지고 있다.

(7) 파나마(Panama)

중앙아메리카 최남단에 위치한 나라로 서쪽으로는 코스타리카, 동쪽으로는 콜롬비아와 인접해 있다. 고도가 높은 북쪽 산악 지대에서 커피를 재배하며, 화산지대가 발달하고 건기와 우기가 뚜렷해 커피재배에 좋은 조건을 갖추었다. 우리나라의 3/4 정도밖에 되지 않는 면적이지만 매우 중요한 위치에 있다. 콜롬비아, 브라질, 파라과이 등 많은 남미국가들의 커피가 '파나마 운하' 를 거쳐서 간다. 이처럼 커피 물류의 중요한 축을 담당하는 파나마는 커피로 그다지 주목을 받지 못하다가 게이샤(Geisha) 품종의 등장으로 발돋움하게 되었다.

파나마에서는 대부분 SHB급의 고산지대에서 재배되는 밀도가 높고 품질이 좋은 커피를 생산한다. 바디감은 가벼운 편이지만 단맛과 신맛이 좋고 균형 잡힌 밸런스가 특징이다. 천혜의 자연환경과 고품질의 다양한 아라비카종을 보유하고 있으며, 생산부터 수출까지 커피의 품질과 이력 관리가 정확하게 이루어지고, 품질 관리를 위해 모든 농장에서 자체 연구소를 두고 체계적으로 관리한다. 볼칸바루 지역과 보께떼 지역이 대표적인 재배지다. 파나마 커피 생산량의 40~45%를 차지하고 있는 보께떼 지역의 커피는 균형 잡힌 향과 맛의 조화를 느낄 수 있다. 게이샤로 유명한 에스메랄다 농장도 이 지역에 위치해 있다.

한편, 농장주들은 1997년 파나마 스페셜티 커피협회 SCAP를 만들어 커피 품질을 개선하고 대회나 경매를 열어 지속적으로 품질을 향상시키고 있다. 현재 파나마의 고품질 커피 생산량 중 60%가 SCAP 소속 농장들의 생산물이다.

2004년 혜성처럼 등장해 신이 내린 커피, '커피의 신데렐라' 로 불리는 게이샤 품종의 발견으로 커피의 맛과 향을 한 단계 끌어 올린 것으로 유명하다(대표품종 : 에스메랄다 게이샤 Esmeralda Geisha).

※게이샤 품종

에티오피아가 원산지인 게이샤 품종은 1931년 에티오피아 남서 지역 아비시니아에서 발견된 야생품종이다. 케냐와 탄자니아에서 처음 재배된 후 1953년 코스타리카를 거쳐 1963년 파나마에 들어왔다. 파나마의 보케떼 지역 '에스메랄다 농장(Finca La Esmeralda)'에서 생산하던 커피를 '겟차'라는 이름으로 부르고 있었는데, 미국식 발음으로 게이샤로 부르기 시작하면서 '게이샤(Geisha)'라는 이름을 갖게 되었다. 품질이 상승되고 인지도가 높아지면서 파나마 외에 많은 중미국가에서 게이샤를 재배하고 있다. 향기로운 과일 향과 상큼한 신맛과 단맛이 매력적인 특유의 향과 풍부한 맛을 가진 커피로 유명하다.

(8) 자메이카(Jamaica)

자메이카 섬의 동쪽 끝에 있는 블루마운틴은 해발 1,500m의 고지대에 걸쳐 있다. 이곳에 자주 발생하는 안개와 비구름이 천연 그늘을 형성해 향미가 뛰어난 커피를 완성시키고, 비옥한 토양과 풍부한 강수량도 좋은 커피를 만드는 요소로 작용한다. 달콤함과 적절한 신맛의 조화로 풍부한 아로마와 맛이 균형을 이루고 있다(대표품종 : 블루마운틴 Blue Mountain).

(9) 콜롬비아(Colombia)

중남미의 대표 커피국가 콜롬비아는 비옥한 화산재 토양과 온화한 기후, 적절한 강수량으로 이상적인 커피재배 조건을 갖고 있다. 콜롬비아 커피 생산자 협회의 엄격한 관리 하에 로부스타 재배를 금지하고, 우수한 품질로 평가받고 있다. 마일드한 커피의 대명사로 상큼한 맛과 부드러운 향이 대표적이다(대표품종 : 수프리모 Supremo).

전 세계적으로 브라질 다음으로 많은 양의 커피를 생산하는 콜롬비아는 생산성이 아주 뛰어나다. 국토가 남북으로 길게 늘어져 있어 남쪽은 여름(5~6월), 북쪽은 겨울(11~12월)이 주 생산 시기다. 전체적으로 보면 일 년 내내 커피를 생산한다.

특히 남쪽의 나리뇨(Narino)와 후일라(Huila) 지역에서 스페셜티 커피 생산이 집중적으로 이루어지고 있는데, 많은 국제 커피기업들의 투자가 진행되고 있는 곳이기도 하다. 2010년, 콜롬비아 COE 때 1개를 제외한 20개의 COE 커피가 모두 나리뇨 지역에서 생산된 것이었다.

콜롬비아에서는 수확 후 즉각적으로 펄핑을 하기 때문에 다른 나라의 커머셜 등급의 커피보다 품질이 좋다. 농장 곳곳에 설치되어 있는 탱크에 커피를 모은 후 연결된 파이프를 통해서 펄핑 장소로 바로 보낸다. 가공법은 100% 수세식 가공을 하고 있는데, 물이 풍부하기 때문이기도 하지만 습도가 높아서 내추럴 가공과 펄프드 내추럴 가공을 하기에는 적합하지 않기 때문이다. 그리고 콜롬비아 생산자연합 FNC에서는 수출의 마지막 단계에서 최종 검사를 하는데, 마일드 커피의 이미지를 최대한 살리기 위해 워시드로 가공한 커피를 강하게 고집하고 있기 때문이기도 하다.

콜롬비아 커피는 신맛과 단맛이 풍부하고 과일 향이 두드러지며 진한 초콜릿 향이 특징이다. 조직이 치밀해서 로스팅 때 열이 많이 필요하고 강하게 볶더라도 커피의 맛이 좋다. 북부 쪽은 산미는 적지만 바디가 좋고 남부 쪽은 산미와 향이 강하다. 한편, 콜롬비아 원두를 사용한 커피에 항상 그려져 있는 이 로고는 실제 콜롬비아 커피 재배를 하는 농부를 모델로 한 것이다.

(10) 브라질(Brazil)

라틴 아메리카 대륙에 위치한 국가이자, 세계 최대의 커피 생산지 브라질은 1920년대 전 세계 커피 생산량의 80%를 차지하고 있다. 주로 재배하는 품종은 버번, 티피카 등 아라비카의 변종과 교배종으로 다양하고 건식 가공법을 통해 자연 당도를 유지하며, 싱글오리진보다 블렌딩에 많이 쓰이며 신맛이 적고, 부드럽고 달콤한 맛의 중간 정도 바디감을 가지고 있다(대표품종 : 버번 산토스 Santos).

브라질은 커피 작황에 따라 세계의 커피 가격이 변동될 정도로 많은 커피를 생산하는 나라다. 국토가 넓은 나라이다 보니 농장별로 커피의 맛도 조금씩 다르다.

브라질 커피 생산량은 전 세계 생산량의 40%를 차지할 만큼 세계에서 가장 많이 생산하는 나라지만 가공법은 다양하지 않다. 그 많은 양을 모두 워시드 가공을 하게 되면 물의 양이 어마어마하게 소비되기 때문에 정부에서 엄격한 기준을 세워 놓았는데, 그것이 바로 내추럴과 펄프드 내추럴로 가공하기 때문에 단맛과 바디감이 좋다.

브라질의 대표 커피로는 브라질 항구의 이름을 붙인 '산토스 NO.2'가 유명하다. 저지대에서 커피나무가 자라 같은 품종이라도 중앙아메리카의 다른 커피에 비해서 산도가 약한 편이다. 미나스제라이스와 상파울루의 접경지역에서 가장 많은 양의 커피가 생산되는데, 달콤한 맛과 섬세한 향, 낮은 산미와 좋은 바디감을 가지고 있다.

2) 아프리카

(1) 에티오피아(Ethiopia)

아프리카 최대의 커피 생산국인 에티오피아는 아라비카 커피의 원산지다. 아프리카 최대 커피 생산국이자 아라비카 커피 발생지인 에티오피아는 내추럴 커피를 생산하고 자연 건조법을 주로 이용한다. 풍부한 꽃향기와 허브, 과일향이 다른 커피와 비교해도 월등히 뛰어나다. 일반적으로 가장 많이 알려진 생산지는 예가체프, 시다모, 하라 등이 있다.

꽃향기를 내는 예가체프, 모카 맛을 내는 하라, 열대과일 맛과 강한 바디감을 느낄 수 있는 짐마, 에티오피아 현지에서 최고의 커핑 점수를 획득한 리무 등 에티오피아 커피는 아직도 야생의 모습 그대로 자라고 있다.

에티오피아에서는 커피 재배에 인공비료를 사용하지 않는다. 공정무역과 유기농 인증 등 다양한 에티오피아는 86개의 다양한 부족으로 구성되어 서로 다른 언어를 사용하고 있으며, 커피는 그들의 삶에 하나의 문화로 뿌리 깊이 자리 잡고 있다.

예가체프 지역은 다른 지역에 비해 물이 풍부해서 수세 가공을 통한 질 좋은 그린빈이 많이 생산되며, 특히 품격 높은 아라비카종으로 인정받고 있는 시다모는 여러 맛이 균형을 이루어 높은 산도와 가벼운 바디감을 전해준다. 마신 뒤 입안에서 오랫동안 맴도는 과일 향이 특징이다. 오랜 커피 역사를 지닌 에티오피아에서는 커피를 마시는 전통 예법이 있다.

이를 '분나 마프라트' 라고 한다. '분나' 는 에티오피아어로 '커피' 를 뜻하며, '마프라트' 는 '세레모니, 또는 의식' 을 뜻한다. 이 의식은 귀한 손님이 왔을 때 우정의 표시로 두 시간에 걸쳐 이루어지는 에티오피아식 환대다.

주로 젊은 여성이 아프리카의 전통의상인 네렐라(Nerela)라는 흰 숄을 걸치고 행한다. 손님이 오는 시간에 맞추어 송진향이나 유칼립투스를 태워 연기를 내고 잘 씻어 말려놓은 커피 체리를 숯불로 정성껏 볶은 뒤 무께짜(Mukecha)라는 작은 절구에 넣고 빻는다. 그러고는 제베나(Jebena)라고 불리는 주전자에 커피 가루를 넣고 끓인 뒤 손잡이가 없는 '시니' 라는 잔에 담아낸다. 모두 석 잔을 담는데 첫 번째 잔은 우애(맛), 두 번째 잔은 평화(행운), 세 번째 잔은 축복을 의미한다. 석 잔을 다 마시기 전에 자리를 뜨면 무례하다고 생각한다.

❶ 예가체프(Yirgacheffe)

2,000m 이상의 고지대에서 재배하며 국내 어느 카페를 가도 쉽게 볼 수 있을 만큼 한국인이 좋아하는 대표적인 커피로, 부드러운 바디감과 꽃 향, 상큼한 신맛이 매력으로 에티오피아 커피를 대표한다.

❷ 시다모(Sidamo)

노란빛의 그린빈을 보면 연상할 수 있듯이 레몬계 과일 향이 나며, 과일에서 느껴지는 신맛과 복합적인 향기가 어우러진 커피를 생산하고 있다.

❸ 하라(Harrar)

야생 블루베리와 흙내음의 중후한 향미를 지니고 있다. 그린빈은 노랗고 푸른빛을 띠며 오묘한 신맛과 단맛을 가지고 있다.

❹ 아리차(Aricha)

예가체프에 속해 있는 지역 중 하나로 해발고도 1,950~2,200m에 위치하고 있으며, 깔끔하고 기분 좋은 산미에 자몽, 살구, 복숭아 같은 과일 향의 풍미가 있다.

❺ 코케(Koke)

수도에서 남쪽으로 395km 떨어진 곳에 있으며 공정무역과 유기농 커피인증을 받았다. 이곳 농장 중 하나인 '벨로야'는 커피 과학자 케네스 데이비스(Kenneth Davids)가 높은 커핑 점수를 매겨 유명하다.

(2) 케냐(Kenya)

19세기 말부터 커피를 생산한 케냐는 짧은 역사를 가졌음에도 정부의 활발한 지원으로 아프리카를 대표하는 커피 생산국이다. 국토 대부분이 해발 1,500m 이상의 고원지대라 커피재배에 적합한 토양과 기후를 갖췄고, 6월에서 12월 사이에 커피를 수확하며 주요품종은 SL-281, SL-342로 와인 같은 산미와 묵직한 바디감이 특징이다.

❶ SL-281

아라비카 선발 종의 하나로, 1935년 케냐에서 발견한 버번 계열 품종이다. Scott Laboratory(스콧 레버러토리)의 이니셜을 따서 SL로 이름을 정하고 일련번호 281을 기재했고, 가뭄에 강하고 고지대에서 재배하기 좋으며 우수한 품질의 커피로서 생산량이 많다.

❷ SL-342

SL-281과 같은 스콧 레버러토리에서 발견되었다. 그린빈의 크기가 크고 주로 고지대에서 재배하며 화사한 산미와 바디를 가졌다.

※ 케냐 대표 그린빈 케냐 AA(Kenya AA)

그린빈의 크기에 따라 AA, A, AB, C 네 개의 자체등급으로 분류되는데 스크린 사이즈(그린빈의 크기) 18 이상의 우수한 그린빈이 AA에 해당된다. 유럽인이 선호하는 강렬한 향에 단맛과 상큼한 신맛이 조화롭다.

(3) 탄자니아(Tanzania)

킬리만자로 산을 중심으로 케냐의 남쪽에 있는 탄자니아는 대부분 영세한 소규모 농장에서 커피를 재배하고 있다. 아라비카와 로부스타를 모두 생산하며 주로 워시드 방식으로 가공하며, 케냐와 같은 커피품질 등급 방식을 쓰며 캐러멜, 초콜릿, 너트 향이 나고 신맛이 적당하다.

※ 탄자니아 대표 그린빈 탄자니아 AA(Tanzania AA)

SHG(Strictly High Grown) 등급에 해당하는 그린빈으로 탄자니아와 케냐의 국경인 킬리만자로 산에서 재배된다고 해서 '킬리만자로'란 이름으로 불리기도 한다. 그린빈은 회색빛이 도는 녹색으로 아프리카 커피답게 진하고 깊은 향, 단맛과 쓴맛, 산미의 밸런스가 좋다.

(4) 예멘(Yemen)

중동에 속하지만 아프리카 대륙과 맞닿아 있어 아프리카 커피로 분류되는 예멘은 에티오피아에서 전해진 커피가 최초로 홍해를 건너 경작된 곳이다. 대표적인 커피 모카는 한때 세계 최대 커피 무역항이였던 예멘의 모카항에서 유래되었다. 적당한 바디감과 달콤 쌉싸름한 초콜릿 향미로 국내에서도 큰 인기를 누리고 있다.

예멘모카 커피는 풍부하고 초콜릿 향이 나면서 톡 쏘는 맛은 중후한 맛의 커피인 자바커피와 배합하여 좋은 맛을 낼 수 있다. 한때는 세계 최고의 커피 무역항이었던 예멘의 모카항의 이름을 따서 예멘커피의 대명사가 된 모카커피, 전통적인 유기농 방법으로 생산해 수확한 그대로 생두의 등급을 무시하고 선별작업을 거치지 않아 생두들이 못생기고 크기도 제각각인 것이 특징이지만, 그 외형에 비해 일품인 커피 맛은 전 세계 커피 시장에서 인정해 주는 전통적인 커피이다. 달콤 쌉싸름한 초콜릿 맛이 나는 것이 특징이다.

특히 예멘의 수도인 사나의 서쪽에 위치한 커피 산지인 마타리 지방에서 수확한 커피가 생두의 밀도도 높고, 깊고 풍부한 정통의 맛과 향으로 유명하다. 독특한 초콜릿 향으로 인해 인스턴트커피에 초콜릿 향을 가미한 것을 모카커피라고 부른다.

❶ 모카 마타리(Mocha Mattari)

예멘 커피 중에서 가장 좋은 품질로 알려져 있으며 북부 지역에서 생산된다. 반고흐가 즐겼던 커피로 유명하며 풍부한 초콜릿 향에 산미와 쓴맛, 묵직한 바디감이 어우러져 있다. 자메이카 블루 마운틴, 하와이 코나와 더불어 세계 3대 명품 커피로 인정받는다.

❷ 모카 사나니(Mocha Sanani)

예멘 남부지역에서 재배하는 커피로 모카 마타리보다 산도는 다소 낮지만 부드러운 맛과 꽃향기의 밸런스가 좋다.

(5) 르완다(Rwanda)

90년대 말 대량학살과 내전으로 붕괴될 위기에 놓였던 르완다는 국민의 삶을 재건하는 도구로 커피를 활용했다. 커피농업에 전반적인 지식과 기술 교육을 적극적으로 진행시켜 경제재건에 힘썼고, 그 결과 커피생산에 적합한 토양과 기후 · 환경 아래 주로 버번종을 키우며 워시드 가공방식을 이용해 소규모 영세 농가에서 재배했다. 밝고 화려한 베리류 향과 다크초콜릿, 깔끔한 신맛을 가졌다.

(6) 브룬디(Burundi)

동쪽의 탄자니아, 서쪽의 콩고 사이에 위치한 국가로 리틀 스위스라 불릴 만큼 고산지대이다. 1930년대 벨기에에서 커피가 전파되었고, 국가의 대표 수출품으로 전량이 미국, 유럽, 일본, 우리나라 등지로 수출한다. 그린빈의 크기는 큰 편으로 상쾌한 열대 과일의 새콤달콤한 향과 튀지 않는 신맛으로 깔끔하다.

(7) 말라위(Malawii)

케냐와 탄자니아 사이에 있는 국가로 비옥한 토양과 풍부한 강수량 등 풍토와 기후가 두 국가와 비슷하다. 케냐와 탄자니아에 비해 수확량은 적지만, 뒷맛이 부드럽고 가벼운 꽃향기가 나는 매력적인 커피로 최근 주목받는 생산지이다.

3) 아시아 · 태평양

(1) 인도(India)

아시아 최초로 커피가 재배된 나라이다. 바바부단이라는 이슬람 승려가 1650년 이집트에서 커피묘목을 가져와 심어 유래가 되었다.

이 나무가 네덜란드 식물원에 옮겨져 예멘에서 온 나무와 교배시켜 변종을 만들었고 자바로 반입되어 자바커피의 조상이 되었다. 아라비카가 커피생산의 50%를 차지한다. 1840년 이후 본격적인 커피생산을 시작한 인도는 아라비카보다 로부스타의 재배비율이 높고 주로 워시드, 내추럴, 몬순법을 사용해 가공한다. 몬순 커피는 습한 남서계절풍에 건조 · 숙성시킨 커피로 습기로 인해 그린빈이 변색하여 노란색을 띠며 독특한 향미를 지녔다. 과거 인도에서 수확한 커피가 유럽으로 향하던 길에 바닷가 창고에서 해풍에 노출되고 발효되면서 형성했던 특유의 맛을 재현하기 위해 현재는 개방된 창고에서 습한 몬순풍을 꾸준히 맞게 하여 가공하고 있다.

❶ 마이소르(Mysore)

인도의 주요 커피생산지 중 하나로 역사적으로 아프리카 지역 이외 최초의 커피를 생산하고 있다. 너겟엑스트라볼드(Nugget Extra Bold)가 가장 유명한데 아라비카 최고 품질의 커피로 스크린사이즈 19 이상의 크고 적당한 산미와 복잡미묘한 향신료의 뒷맛이 있다.

❷ 말라바르(Malabar)

인도를 대표하는 스페셜티 커피로 몬순 기후에 인위적으로 숙성시켰다. 쓴맛이 강해 에스프레소에 적합하며 톡 쏘는 맛과 함께 풀향기가 풍부하게 배어 있다.

❸ 카피로얄(Kaapi Royale)

인도는 습식법으로 가공한 로부스타에 한해 아라비카와는 별도로 스크린 등급을 구분한다. 카피로얄은 가장 좋은 로부스타 등급으로 고급 인스턴트커피 제조에 쓰이며 곡물가루와 견과류의 고소한 향이 나고 바디감이 좋다.

(2) 미얀마(Myanmar)

프랑스 식민지 시절부터 샨(Shan)주에서 커피를 생산했다. 생산량 대부분은 중국과 프랑스로 수출되며 감귤류 향과 산미, 부드러운 단맛이 매력적이다.

(3) 베트남(Vietnam)

19세기 프랑스 식민지 시절 선교사들에 의해 커피나무가 소개되어 아라비카를 재배했으나, 1990년대에 이르러 정부정책에 의해 중앙의 고산지대를 개간하면서 대규모의 로부스타를 재배하고 있다. 현재 전 세계 2위의 생산량을 자랑하는 로부스타 주요 생산국으로 인스턴트커피 제조의 원료를 공급하고 있다.

(4) 인도네시아(Indonesia)

세계에서 4번째로 많은 커피를 생산하는 인도네시아는 17,509개의 섬으로 이루어어진 나라이다. 서부의 수마트라 섬과 남부의 자바 섬, 동부의 술라웨시 섬이 대표산지로 커피재배에 이상적인 무기질이 풍부한 화산지형과 연중 변함없는 기후를 가졌다. 품종으로는 아라비카와 카네포라가 있는데, 아라비카는 전체 생산량의 10% 정도로 고품질의 로부스타를 재배하는 것으로 유명하다. 19세기 중반 커피녹병으로 커피농장이 초토화가 되었을 때, 병충해에 강한 로부스타를 재배하기 시작했고 습식법으로 가공한다.

❶ 수마트라(Sumatra)

인도네시아에서 두 번째로 큰 섬으로 만델링, 팔렘방, 앙코라, 아체 등이 대표산지이다. 인도네시아 커피 전체 생산량의 60%를 차지하며 진한 풍미와 오랜 여운이 인상적이고 흙냄새와 향신료 향이 난다. 수마트라 섬의 대표산지 만델링(Mandheling)은 원래 부족 이름으로, 부드럽고 진한 맛이 유럽인들에게 인기가 높다.

❷ 자바(Java)

자바는 1696년 유럽국가 중 최초로 커피를 재배한 네덜란드가 처음으로 농장을 운영한 곳이다. 즉, 유럽인에 의한 아시아 커피생산의 기원이라고 할 수 있다. 그리고 최초의 블렌딩이라 일컬어지는 '모카자바'는 이곳의 원두와 예멘의 모카를 유럽에서 블렌딩한 것으로 지금도 사랑받는 블렌딩이다.

❸ 술라웨시(Sulawesi)

동부에 위치한 섬으로, 다른 지역보다 수확량이 적어 희소성이 높다.

❹ 코피루왁(Kopi Luwak)

인도네시아 커피를 이야기할 때 빼놓을 수 없는 코피루왁은 아시안 팜 시벳이라는 야생 사향 고양이가 먹고 배설한 커피열매를 모아 가공했다. 잘 익은 커피체리만 따먹는 이 고양이는 과육은 소화시키고 씨앗만 배출하는데 소화과정에서 발효된 그린빈이 다른 커피에서 느낄 수 없는 독특한 향미를 풍긴다. 근래에는 강제로 고양이를 포획하여 커피를 채취하는 농장이 늘어나면서 루왁커피의 품질저하와 동물학대 논란이 제기된 상황이지만, 여전히 그 희소성과 독특함으로 고가로 거래되고 있다. 캐러멜, 초콜릿 향이 나며 약간의 쓴맛과 신맛이 균형을 이루고 있다.

(5) 파푸아뉴기니(Papua New Guinea)

호주의 북쪽에 위치한 파푸아뉴기니는 1937년 자메이카 블루마운틴 지역에서 수입된 종자로 경작이 시작됐다. 커피재배에 적합한 아열대기후로 연중 기온이 높고 몬순 풍의 영향을 받는다. 전체적으로 고산지대에 위치한 커피농장은 대다수가 유기농법으로 재배하는데, 정부에서도 유기농커피의 생산을 장려하고 있다. 커피의 등급은 그린빈 크기에 따라 다섯 가지로 분류하며 대표적인 산지는 시그리와 아로나가 있다.

❶ 시그리(Sigri)

가장 큰 섬인 뉴기니에는 빌 헬름이라 불리는 큰 산이 있다. 이 지역을 중심으로 한 고원지대를 하일랜즈(Highlands)라 부르는데, 서부 하이랜드의 와기 밸리(Waghi Valley)지역에 위치한 시그리 커피는 가볍고 상큼한 산미와 꽃, 과일 향이 난다.

❷ 아로나(Arona)

동부 하이랜드 지역의 커피산지로, 해발 1,800m 이상의 고원지대에서 경작된다. 와인 같은 묵직한 과일 향, 산미와 어우러지는 적절한 쓴맛과 단맛이 조화롭다.

구플라(Gupla) 파푸아 뉴기니의 대표 청정지역인 마라와카(Marawaka)에 위치한 스페셜티 커피농장 마을이다. 이곳에서 생산되는 커피는 블루마운틴의 풍부한 향미와 중후한 바디감을 뽐낸다. 고도에서 유기농으로 재배되며 수확한 커피는 공정무역을 통해 유통되기도 한다.

(6) 호주(Australia)

18세기 후반 브라질에서 가져온 커피가 유입되면서 브라질과 비슷한 기후를 가진 뉴 사우스 웨일즈(New South Wales) 북쪽지역에서 재배가 시작됐다. 한때 커피산업이 잠시 주춤하기도 했지만, 20세기 후반부터 재배농가가 늘어나고 1980년대 이후 소비량도 늘면서 상업작물로 인정받아 정부와 농업관련기관들도 커피재배를 적극 권장하고 있다. 재배고도는 약 15~900m이며 다른 생산국에 비해 고지대는 아니지만, 초콜릿과 같은 단맛과 뚜렷한 산미를 지녔다.

(7) 하와이(Hawaii)

1825년부터 커피경작을 시작한 하와이는 미국 영토에서 유일하게 커피재배가 가능한 곳이다. 자생지는 아니지만 적절한 습도와 따뜻한 기온, 높은 고도, 화산재 토양 등 커피재배에 이상적인 조건이 형성되어 있다. 9월에서 3월 사이에 수확하며, 그린빈은 매끈하고 투명한 짙은 녹색을 띤다.

저지대(해발 800~900m)인데도 불구하고 맛이 뛰어난 이유는 1년 중 구름이 끼어 있는 날이 많아서 그늘 재배가 가능하고 해류와 해풍의 영향을 받기 때문이다. 수확은 9월부터 이듬해 3월까지 하며, 나무를 여러 번 오가면서 완벽하게 익은 열매만을 수확하는 핸드 피킹 방식으로 수확한다. 스크린 사이즈로 등급을 구분하고 있으며, 그 중 제일 좋은 등급은 'Kona Extra Fancy'로 스크린 사이즈 19이면서 300g당 10개 이내의 결점두만 허용한다. 하와이의 코나 커피는 신맛과 감칠맛이 완벽하게 조화로움을 이룬다.

❶ 코나(Kona)

가장 큰 섬인 빅 아일랜드의 코나(Kona)지역에서 생산되는 커피는 자메이카 블루마운틴, 예멘의 모카와 함께 세계 3대 커피로 꼽힐 만큼 우수한 품질을 자랑한다. 코나 커피는 그린빈의 크기와 결점수에 따라 분류하며 감귤류의 향과 부드러운 산미, 감칠맛이 좋다.

❷ 카우(Kau)

빅아일랜드의 남서쪽에 위치한 지역으로 코나 커피와 같은 품종을 비슷한 조건 아래 재배하기 때문에 전체적으로 향미가 유사하고 밸런스가 좋다. 또한 카우는 2007년부터 재배되어 비교적 역사는 짧지만 최근 코나 커피의 품질을 앞섰다고 평가받을 만큼 주목받는 산지이다.

2 세계 각국의 커피 소비

21세기는 전 세계가 커피 열풍에 잠겨있다고 표현할 만큼 역사적인 시기나 다름없다. 이미 미국 국민들의 하루 커피 소비 횟수가 미국의 전체 국민수인 3억보다 많다는 통계가 나온 바 있다. 또한 석유 다음으로 전 세계에서 가장 많은 거래가 이루어지고 있는 상품이라는 통계가 나온 적이 있다. 이처럼 커피는 이미 전 세계에서 손가락에 꼽히는 '가장 거대한 산업 중 하나' 임이 증명되었기에 관련 시장들은 지금까지도 나날이 높은 성장세를 보인다.

1) 핀란드(Finland) 1위

17세기, 커피가 처음 도입될 당시 상류층만 즐기는 음료였지만, 약국에서 커피가 판매하게 되면서 두통, 심장병, 우울증 등 각종 질병을 치료하는 효과가 있다고 여겨 18세기에는 모든 대중이 즐기는 음료로 발전하였다. 1970년에 커피에 조예가 깊던 'Kekkone' 대통령이 가볍게 커피를 로스트하라고 권한 이유로 맛과 향이 개선되면서 커피 소비량이 증가하게 되었다. 이후 핀란드는 세계에서 가장 가볍게 로스트한 커피를 즐겨 마시며 하루 종일 소비하는 세계 최고의 커피 소비량 국가가 되었다. 직장에서 근무 중 하루에 2번 커피타임을 가질 정도이다.

국가별 1인당 연 커피소비량(잔당 12g기준 : 4.3kg당 약 하루 1잔)

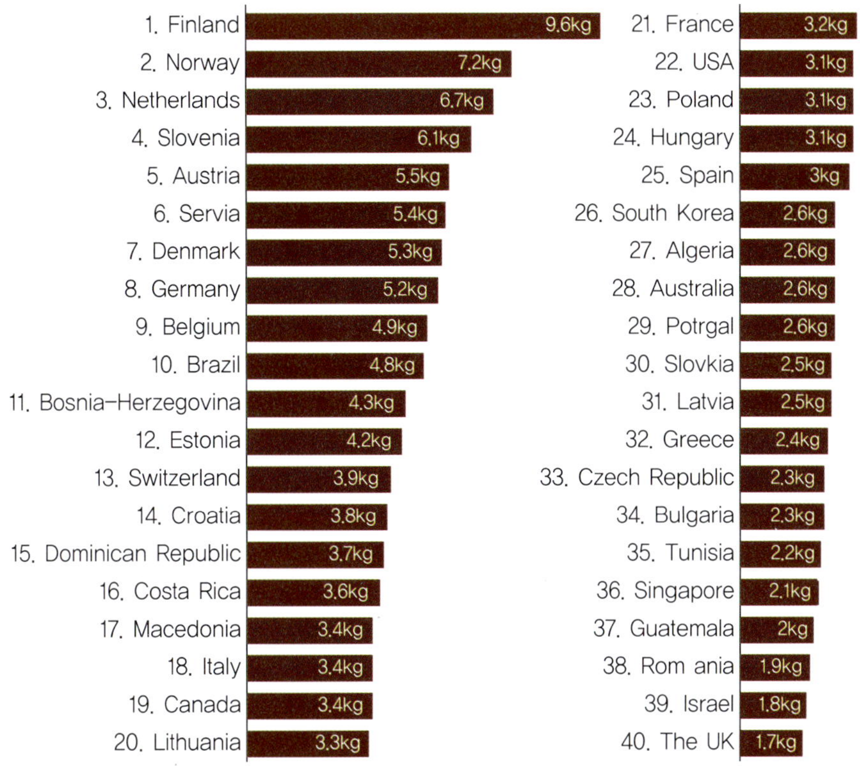

2) 노르웨이(Norway) 2위

18세기 초 부자들 사이에서 처음으로 인기를 얻었다. 노르웨이 사람들은 아침에 블랙커피를 마시고 저녁 이후에 디저트와 함께 마신다. 사람들을 초대할 시 케이크, 패이스트리와 함께 커피를 제공하기도 한다. 농촌 지역에서는 연한 커피에 보드카(vodka)나 위스키와 같은 밀주(moonshine) 등을 섞은 'Karsk'라는 칵테일 음료가 있다.

3) 네덜란드 3위

16세기 커피의 맛을 알게 된 유럽인은 커피 원두를 확보하고 싶었지만 아랍인들이 커피를 독점하기 위해 모든 커피 원두를 볶아서 수출하도록 규정하였다. 커피 재배가 불가능했지만 1616년 네덜란드 상인이 커피 묘목 몇 그루를 암스테르담에 빼내어 자국의 식민지였던 인도 말라바르와 자바 섬의 중심도시인 '바타비아(Batavia, 현재 인도네시아의 수도 자카르타의 옛 이름)' 에 심었다. 몇 년이 지나지 않아 자바(Java, 현재의 인도네시아)는 주요 커피 생산지가 되었고 유럽에 판매하여 막대한 수입을 올렸다.

16세기부터 가정에서 커피를 마시기 시작할 정도로 역사가 오래되었으며 현재까지도 가정에서 'Koffietijd(Coffee Time)' 시간을 통해 커피를 쿠키, 케이크 등과 함께 즐긴다.

4) 덴마크(Denmark) 7위

식사마다 커피가 제공되며 쿠키, 케이크, 작은 샌드위치 등과 함께 특별한 커피 타임을 즐기기도 한다. 세계에서 소비율이 7번째로 높지만, 세계에서 6번째로 비싼 가격을 가지고 있다.

5) 벨기에(Belgium) 9위

벨기에는 아주 오래전부터 커피와 초콜릿을 함께 먹는 습관이 있다. 또한 한국에서도 벨기에 와플이 유명할 정도로 와플이 유명하며 물론 커피와 함께 먹는다.

6) 스위스(Switzerland) 13위

커피 크레마가 풍성한 에스프레소가 인기 많다. 스칸디나비아(노르웨이 · 스웨덴 · 덴마크)와 달리 필터 커피의 인기는 적다. 소비율은 높지만 한 잔에 USD3.5로 비싼 편에 속한다.

7) 캐나다(Canada) 19위

캐나다 커피 협회(The Coffee Association of Canada)는 커피가 국내에서 가장 많이 소비되는 음료라고 말한다. 커피숍을 이용하기도 하지만 집에서도 많이 즐기는 편이다. 다른 나라에 없는 캐나다만의 커피 용어 '더블더블(double double)이 있다. 커피에 넣는 크림과 설탕의 양을 가리키는 용어로 2작은 술의 크림과 2작은 술의 설탕을 넣어 달라는 뜻이다. 한국의 인스턴트 커피와 유사한 맛이 나며 캐나다 사람들이 정말 많이 찾는 커피 중 하나이다.

8) 한국(South Korea) 26위

한국은 '커피공화국' 이라는 말이 생겨날 정도로 수많은 카페가 곳곳에 자리하고 홈카페 문화까지 확산하고 있다. 커피업계는 최근 10년간 국내 커피 시장이 빠르게 성장했지만 미국이나 유럽 등 커피 선진국과 비교하면 1인당 커피 소비량이 적기 때문에 여전히 성장 가능성이 큰 시장으로 평가하고 있다. 최근에는 커피머신 등을 통해 집에서 커피를 즐기는 소비자가 늘면서 홈카페 시장이 성장세에 있다는 점도 주목할 만하다.

COFFEE
CANTATA

III

커피의 품종과 재배

COFFEE
CANTATA

III 커피의 품종과 재배

1 커피의 품종과 특성

커피나무의 키는 품종에 따라 6~8m 정도이다. 10m 이상 자라기도 하지만, 수확을 위해 지속적으로 가지치기를 하기 때문에 보통 2m 이내의 높이를 유지한다. 가지는 옆으로 퍼지고 끝이 처지는 모양이다. 잎은 가지나 줄기에서 마주 나고, 긴 타원 모양이며 두껍고 가장자리가 물결모양을 이룬다. 잎 표면은 짙은 녹색이고 광택이 있다. 꽃은 흰색이고 향기가 있으며 잎겨드랑이에 3~7개씩 모여 달린다. 화관은 지름이 1㎝이고 통 모양이며 끝이 5개로 갈라진다. 수술은 5개이고, 암술은 1개이다. 꽃이 떨어지면 그 자리에 열매가 맺고 6월~11개월 정도면 익는데 이것을 커피체리(Coffee Cherry)라고 한다. 체리 안에는 생두(Green Bean) 두 쪽이 마주 보고 있다. 체리 안에 한 개의 생두만을 가진 것을 피베리(Peaberry)라고 한다. 일반 생두에 비해 크기가 작고 신맛이 강한 특징이 있다.

일반적인 커피열매는 체리 안에 두 개의 콩을 가지고 있으나 한 개의 콩을 가지고 있는 경우가 발견되는데 이를 피베리(Peaberry) 또는 카라콜(Caracol, 달팽이의 뜻)이라고 부른다. 발생 원인은 유전적 결함, 환경적 조건 또는 불완

전한 수정 등이다. 일반적인 수확 시 5~20% 정도 생산되며 평균 10% 정도가 섞여 있다. 일반 콩(flat bean)과 품질이 비슷하나 스페셜 등급으로 팔릴 때도 있다. 피베리가 1% 증가 시 전체 생산량은 0.75% 정도 감소하게 된다. 커피는 쌍떡잎식물로 꼭두서니(Rubiaceae)과에 속한다. 커피의 종은 약 60여 가지가 있으며 그 중 Coffea Arabica, Coffea Canephora, Coffea Liberica를 삼대 원종이라고 하는데 오늘날은 Coffea Arabica, Coffea Canephora 두 종류만 주로 재배되고 있다.

피베리(Peaberry)

트라이앵글러빈(triangular bean)

플랫빈(flat bean)

커피체리 과육

끈적끈적한 점액질의 파치먼트

열매가 달린 커피나무

열매나무

1) 아라비카(Arabica)

세계 커피 생산량의 60~70%를 차지하는 대표적인 커피 품종으로 원산지는 에티오피아이다.

학명은 코페아 아라비카(Coffea Arabica)이다. 주로 800~2,000m 이상의 열대 고지대에서 재배되며 적정 강수량은 1,500~2,000㎜이다. 향미가 뛰어나고 신맛이 좋은 것으로 알려져 있고 적은 양의 카페인 함량으로 가격이 더 비싼 편이다. 특히 나무의 성질이 예민해 뿌리를 내린 생산지의 기후환경과 토양 조건에 따라 독특한 개성을 지닌다.

재배하기가 무척 까다로워 지나치게 덥거나 서늘하면 품질이 떨어지고, 장시간의 강렬한 햇빛과 서리에 나무가 쉽게 죽어버리기도 하고 특히 병충해에도 약해 재배할 때 많은 노력과 비용이 든다. 아라비카 원두의 소비처는 선진국이지만 주요 생산지는 아프리카와 남아메리카 등 제3세계권이다. 생두의 모양은 납작한 청록색, 연녹색, 노란색이다.

주로 스트레이트 커피(Straight Coffee)와 스페셜티 커피(Specialty Coffee)에 사용한다.

코페아 아라비카는 자가수분(自家受粉, Self-Pollination)을 하는 나무이기 때문에 원형을 유지하려는 습성이 있다. 대표적인 고유 품종으로는 티피카(Typica)와 버번(Bourbon)이 있다. 그러나 15세기 이후 중동지역을 중심으로 전 세계로 퍼져 나가면서 자연적 돌연변이와 인위적인 품종개량을 통해 여러 변형 품종이 생겨났다. 아라비카는 체리가 6~8개월 동안 익고 모양이 납작하며, 로부스타 품종에 비해 단맛, 신맛, 감칠맛과 향기가 뛰어나다.

아라비카(Coffea Arabica)의 품종

종류	특 성
티피카 (Typica)	• 아라비카 원종에 가장 가까운 품종 • 콩은 긴 편이고 좋은 향과 신맛을 가지고 있으나 녹병에 취약하고 셰이딩(Shading)이 필요함. • 격년 생산으로 생산성 낮음 • 중미, 카리브 해 등지에서 재배되며 블루마운틴, 하와이 코나가 대표적인 Typica 계통임
버번 (Bourbon)	• Bourbon 섬(현 Reunion섬)에서 발견된 Typica의 돌연변이 • 콩은 작고 둥근 편 • 수확량은 Typica보다 20~30% 많음. • 중미, 브라질, 케냐, 탄자니아 등지에서 주로 재배
카투라 (Caturra)	• Burbon의 돌연변이 • 콩의 크기는 소형으로 녹병에 강하고 수확량은 많음 • 풍부한 신맛, 나무 키는 작은 편
문도 노보 (Mundo Novo)	• Bourbon과 Typica의 자연교배종 • 1950년부터 브라질에서 재배되기 시작 • 환경적응력이 좋고 특성은 Typica와 Bourbon의 중간적 형태 • 나무키가 큰 것이 단점
카투아이 (Catuai)	• Mundo Novo와 Caturra의 교배종 • 나무 키가 작고 생산성은 높음. • 병충해와 강풍에 강하며 매년 생산 가능. • 생산기간이 타 품종에 비해 10여 년 정도 짧은 것이 단점
켄트(Kent)	• 인도의 고유품종으로 높은 생산성, 특히 커피잎녹병(CLR)에 강함
카티모르 (Catimor)	• HdT와 Caturra의 교배종 • 발군의 성장성과 다수확을 자랑하며 체리 사이즈가 큰 편임
HdT	• 아라비카와 로부스타의 교배종(Hibrido de Timor) • 커피잎녹병(CLR)에 강함, 콩의 크기가 큰 편
마라고지페 (Marago gype)	• 1870년 브라질의 한 농장에서 발견된 Typica의 돌연변이 품종 • 콩의 사이즈가 크며 나무키가 크고 생산성은 낮음

2) 로부스타

코페아 카네포라(Coffea Canephora)의 대표 품종으로 세계 커피 생산량의 30~40%를 차지한다. 학명은 코페아 카네포라(Coffea Canephora)이다. 원래 코페아 카네포라의 대표 품종인데, 로부스타란 이름이 널리 알려져 카네포라와 같은 의미로 쓰인다. 19세기 중엽 아프리카 콩고(Congo)에서 발견되었으며, 주로 700m 이하의 고온다습한 지역에서 재배되며 적정 강수량은 2,000~3,000mm이다. 평지에서 기계로 재배하기 때문에 콩이 여문 정도나 크기, 결손 원두를 가리지 않고 모두 한꺼번에 가공된다. 로브스타종이 아라비카종에 비해 카페인 함량이 두 배가 넘는다. 인스턴트 커피에는 1잔당 보통 약 20g 이상의 카페인이 있다. (자판기커피 37g, 원두커피 11g, 녹차 17g 정도) 로부스타종은 맛과 향이 떨어진다. 블랙 커피는 무조건 쓰다는 인상을 심어 주게 된 이유도 바로 여기에 있다. 약 10년 전만 해도 원두커피의 내용물 중 50%는 로브스타를 사용했다. 아라비카는 로부스타에 비해 향이 뛰어나며 신맛, 쓴맛, 단맛 등을 지니고 있는 반면 로부스타는 향이 없으며 쓴맛이 강하고 카페인 함량도 많은 편이나 재배가 아라비카에 비해 용이하고 가격도 아라비카에 비해 저렴하다.

아라비카와 로부스타의 비교

	아라비카(Coffea Arabica)	로부스타(Coffea Canephora)
원산지	에티오피아	콩고
분류 등록	1753년	1806년
유전자 수	44개(4쌍)	22개(2쌍)
기온	15~24℃	24~30℃
지역	열대의 비교적 서늘한 고원지대	고온다습 지대
고도	800~2,000m	700m 이하
적정 강수량	1,500~2,000mm	2,000~3,000mm
병충해, 서리	약함	비교적 강함
체리 숙성기간	6~9개월	9~11개월
카페인 함량	평균 1.4%	평균 2.2%
고형성분(바디)	평균 1.2%	평균 2.0%
맛	향미가 우수, 신맛이 좋음	향미가 약함, 쓴맛이 강함
주요 생산국가	브라질, 콜롬비아, 코스타리카 등	베트남, 인도네시아, 인도 등
생산	60~70%	30~40%
소비	원두커피용	인스턴트커피용

아라비카(Arabica)

로부스타(Robusta)

3) 리베리카

리베리카를 리베아, 리베리아라고도 부르며 리베리카(Liberica)커피의 원산지가 서부 아프리카의 리베리아이기 때문에 그렇게 부르기도 한다. 리베리카는 19세기 인도네시아 수마트라의 벙꿀루와 잠비에 주로 심어졌으나 대부분 병충해로 멸종위기에 이르고 말았다. 아라비카와 로부스타와 달리 리베리카 커피는 키가 9m까지 크게 자라는 특성을 가지고 있다. 나무의 키가 크기 때문에 관리가 힘들다는 단점이 있다. 리베리카 커피는 전체 약 1% 수준으로 생산량이 적다. 이유는 리베리카종은 병충해에는 강하나 가뭄에는 약하기 때문이다. 또 다른 이유는 맛에 있다. 아라비카와 로부스타에 비해 쓴맛이 강하고 향이 적다. 마지막으로 리베리카는 커피 체리의 크기가 크고 두꺼워서 가공이 어렵다.

2 커피의 재배와 수확

커피벨트는 커피 존(Coffee Zone)이라고도 한다. 남북 양회귀선(북위 25도, 남위 25도) 사이의 벨트지대는 커피재배에 적당한 기후와 토양을 가지고 있다.

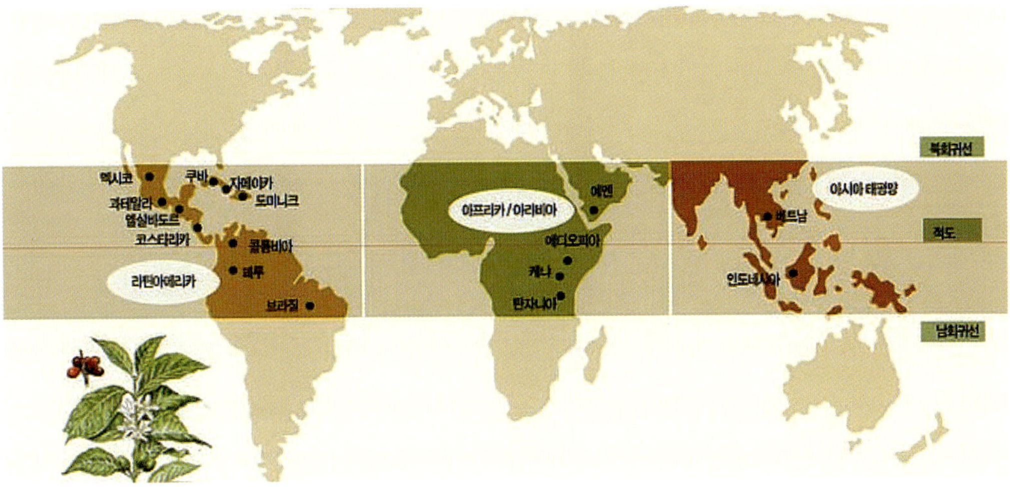

커피재배는 평균기온이 약 20℃로 연간 큰 기온 차가 없으며, 강우량은 평균 1,500~1,600mm, 유기질이 풍부한 비옥토, 화산질 토양이 적당하다. 한기와 건열풍, 서리는 큰 적이다. 커피의 국제시장 점유율은 브라질을 필두로 콜롬비아가 그 뒤를 이으며 이 두 생산국이 40%, 그리고 멕시코, 과테말라 등 중남미의 약 20개국이 합쳐 거의 65%를 공급한다. 아프리카는 코트디부아르와 우간다가 두드러져 양국이 약 10%를 생산한다. 품질 면을 대략적으로 말하면 콜롬비아 마일드 및 양질의 아라비카 종은 중남미 여러 나라에서 로부스타 종은 주로 아프리카 제국에서 생산하고 있다.

1) 커피나무의 특성

커피나무는 꼭두서니(Rubiaceae)과의 코페아 속(Coffea, 屬)으로 분류되는 다년생 쌍떡잎식물로 열대성 상록교목으로 아프리카가 원산지이다.

커피나무는 야생 상태에서는 품종에 따라 아라비카(Arabica)종은 4~6m, 카네포라(Canephora)종은 8~12m까지 자라지만 수확의 편의를 위하여 나무의 키를 2~2.5m 정도로 유지시킨다. 나무의 지름은 10cm 정도이고 가지는 옆으로 퍼지고 끝이 쳐진다.

커피나무는 2년이 지나면 키가 2m까지 자라며 첫 번째 꽃을 피운다. 3년 정도 자라면 커피나무는 정상적인 열매를 맺기 시작하여 수확이 가능하게 된다.

커피나무의 성장과정

(1) 뿌리

커피나무의 뿌리는 땅속 30~60cm에 주로 분포하며 습도가 높고 토양이 조밀한 경우 뿌리는 대부분 위쪽으로 뻗으며 건조하고 태양에 노출된 토양에서는 아래쪽으로 발달하게 된다. 아라비카는 로부스타에 비해 뿌리가 깊게 발달되어 있어 가뭄에 더 강하다. 뿌리 성장에 최적의 기온 조건은 26℃ 정도이며 야간에도 20℃ 이상이 되어야 한다.

(2) 커피꽃

커피꽃은 흰색이고 아카시아와 재스민(jasmine) 향과 유사하며 1개의 암술과 보통 5개의 수술로 이루이지고 대개 2~3일이면 진다. 꽃잎은 아라비카종이 5장, 로부스타종은 5~7장으로 수정이 되면 갈색으로 변하고 이틀 후 꽃이 지면서 씨방 부분이 발달하게 되어 열매를 맺게 된다. 아라비카는 암술과 수술이 함께 있어 자가수분이 가능하고 로부스타는 벌이나 나비가 타가수분에 의한 수정으로 열매를 맺게 된다.

커피꽃

(3) 커피체리

커피체리가 익어가는 과정

커피체리를 맺은 모습

커피체리가 익은 모습

커피체리

2) 성장과 재배환경

(1) 기온

아라비카 종은 까다로운 생육조건을 가지고 있다. 연간 평균 기온이 15~24℃ 정도이며 기온이 30℃를 넘거나 5℃ 이하로는 내려가지 않아야 하고 서리가 내리지 않는 지역이어야 한다. 강한 바람이 불지 않아야 하고 또한 우기와 건기의 구분이 뚜렷해야 하며 2~3개월 동안의 건기가 수확기와 같이 시작되는 것이 이상적이다.

커피 재배에 적당한 강우량은 아라비카는 연간 1,400~2,000mm, 로부스타는 2,000~2,500mm 정도이다. 적당한 일조량(2,200~2,400h/year)이 필요하나 지나치게 강한 햇빛과 열에 약해 이를 가려주기 위해 다른 나무를 같이 심기도 한다.

(2) 셰이딩(그늘재배, Shading)

다른 나무를 커피 재배지에 함께 심어 커피나무에 그늘을 만들어 주는 것으로 그늘을 만들어 주는 나무를 셰이드 트리(Shade tree)라 하며 이렇게 재배된 커피를 셰이드 그로운 커피(Shade-grown coffee)라 한다. 셰이딩의 효과는 수분 증발을 막아주고 주야간의 온도차를 완화시켜 주며 또한 토양 침식을 막아주고 잡초의 성장을 억제해주며 토양을 비옥하게 해주는 효과 등이 있다.

(3) 일조량

커피나무도 마찬가지로 일조량에 따라 광합성을 한다. 아라비카종의 광합성 최적 온도는 25℃ 정도이며, 이 이상의 고온에서는 광합성이 원활하지 않게 된다. 특히 아라비카종은 강한 일사나 폭염에 약하기 때문에 서리가 내리지 않는 지형, 낮과 밤의 기온 차가 큰 지형에서 잘 자라게 된다. 반면에 로부스타는 환경 적응력이 좋아 낮은 지형에서도 잘 자란다.

(4) 강우량

커피나무가 재배되기 위해서는 연간 1,200~1,600mm의 강우량이 필요하다. 이때, 아라비카의 경우 1,400~2,000mm 정도의 강우량이 필요하며 로부스타의 경우 2,000~2,500mm 정도 필요하다. 또한, 건기와 우기가 명확한 산지에서는 대부분 한꺼번에 개화하지만, 기온의 변화가 적고 건기가 없는 곳에서는 꽃이 피는 시기가 각기 달라서 꽃이 진 후 장기간에 걸쳐 수확이 이루어진다.

(5) 고도

평지나 약간 경사진 언덕으로 표토층이 깊고 물 저장 능력이 좋은 지역이 적합하며, 고지대에서 생산된 커피는 단단하고 밀도가 높으며 향과 플레이버(Flavor)가 더 풍부하고 맛이 좋고 더 진한 청록색의 빛을 띤다. 가장 이상적인 고도는 해발 1,500~2000m이다. 아라비카종은 고온다습하지 않고 서리가 내리지 않는 고도 1,000~2,000m의 고지대 산의 경사면에서 재배된다. 고지대의 경우 커피나무의 열매는 서서히 숙성되고 열대 특유의 강한 일사량과 조화를 이루어 특유의 풍미가 만들어진다.

(6) 토양

커피 경작에 적합한 토양은 화산성 토양의 충적토가 좋다. 표토(Top soil)층의 깊이는 뿌리가 충분히 뻗을 수 있고 물 저장을 위해 2m 이상 되는 것이 좋다. 표토층이 깊고 투과성이 좋으며 약산성(pH 5~6)이고 뿌리가 쉽게 뻗을 수 있는 다공질의 토양은 배수능력도 좋아 커피 경작에 적합하다. 브라질의 고원지대는 테라로사(Terra rossa)라는 현무암이 풍화된 비옥한 붉은색의 토양이며 중미의 고산지대나 남미의 안데스 지역, 아프리카의 고원지대, 서인도제도, 수마트라 등 커피생산국의 토양은 대부분이 화성암이 풍화된 곳이거나 화산작용으로 생긴 화산토양과 부식토가 혼성된 토양이다.

(7) 재배과정

씨앗(Parchmaent) 심음

40~60일 후 발아

발아 후 20~30일 후 새싹

4~5개월 뒤의 모습

2년부터 커피꽃이 핌

녹색체리 열림

체리성숙단계

3년부터 수확가능

수확한 체리

(8) 커피잎녹병(Coffee Leaf Rust, CLR)

곰팡이(Hamileia vastatrix)가 잎에 발생하여 쇠(鐵)의 녹과 같은 포자덩어리를 만들어 녹병이라는 이름이 붙여졌다. 스리랑카에서는 1869년 발생하여 커피나무가 궤멸하였으며 그 이후 차의 주요 생산지로 변신하게 되었다. 인도네시아는 1876년에 수마트라에서, 1878년 자바에서 발생하여 품종을 아라비카에서 커피녹병에 강한 로부스타로 바꾸는 계기가 되었다. 지금까지 알려진 질병 중 가장 피해가 큰 질병으로 알려져 있다.

커피잎녹병(Coffee Leaf Rust)

3) 수확방법

커피열매는 녹색에서 성숙하면 점차 붉은 색으로 바뀌며 사람에 의한 수확(Manual Harvesting)과 메커니컬 피킹(Mechanical picking)으로 기계에 의한 수확방법(Mechanical Harvesting)이 있는데 사람에 의한 수확은 스트리핑(Stripping)과 핸드 피킹(Hand Picking, Selective Harvesting)의 두 가지 방법이 있다.

기계에 의한 수확(Mechanical Harvesting)은 나무의 키에 맞춰 높이가 조절되는 기계를 사용하여 수확하는 방법으로 많은 노동력을 필요로 하지 않아 매우 효율적이나 실제로 기계를 이용하여 수확하는 나라는 브라질 정도이다.

(1) 핸드피킹(hand picking)

직접 손으로 잘 익은 열매를 하나씩 따는 방법으로 핸드피킹이라고 부른다. 덜 익은 체리는 남겨두었다가 익으면 딴다. 일일이 손으로 수확하는 방법이기 때문에 고품질의 커피를 생산한다. 그러나 인건비가 많이 든다는 단점이 있다.

핸드피킹 (hand picking)

핸드피킹(hand picking)으로 수확한 커피 체리

(2) 스트리핑(stripping)

커피나무가 적당히 익었을 때 나뭇가지를 손으로 훑어내며 열매를 수확하는 방식이다. 떨어진 열매를 모아서 수확하기 때문에 핸드피킹에 비해 대량 수확이 가능하지만 잘 익지 않은 체리나 가지, 나뭇잎까지 같이 수확해 품질이 떨어지는 편이다.

스트리핑(stripping)

스트리핑(stripping)으로 수확한 체리

수확방법 비교

	핸드 피킹(Hand-picking)	스트리핑(Stripping)
방법	여러 번에 걸쳐 익은 체리만을 골라 수확하는 방법	모든 체리를 손으로 훑어 한 번에 수확하는 방법
특성	• 여러 번 수확에 따른 인건비 부담이 크다. • 품질이 균일한 커피 생산이 가능하다. • 주로 워시드 커피 생산 지역	• 비용을 절감할 수 있다. • 나무에 손상을 줄 수 있다. • 품질이 균일하지 않다. • 내추럴 커피나 로부스타 생산지역

(3) 기계 수확(mechanical harvesting)

대규모 기업형 경작지에서는 나무의 키와 넓이에 맞춰 기계를 이용하여 커피를 수확한다. 기계가 커피나무 줄 사이를 따라 이동하면서 나무에 진동을 주어 체리를 떨어뜨려 수확하는 방식으로 인건비가 적게 들고 속도가 빠르다는 장점이 있다. 그러나 기계로 수확하게 되므로 커피나무에 손상이 갈 수 있으며 스트리핑 방식처럼 나뭇잎, 가지, 덜 익은 체리 등 불순물이 섞일 수 있다는 단점이 있다.

기계 수확(mechanical harvesting)

4) 가공방식

(1) 건식법, 내추럴 가공 건조 방식

체리를 수확한 후 펄프를 제거하지 않고 체리를 그대로 건조시키는 방법으로 물이 부족하고 햇빛이 좋은 지역에서 주로 이용하는 전통적인 가공방법이다. 주기적으로 뒤섞어 주어 골고루 마르게 하며 약 2주 정도 말려서 껍질이 건조해지면 탈곡한다.

과육에 들어 있는 성분이 생두에 어느 정도 흡착되므로 볶은 원두에서 과일의 향미나 단맛의 향미를 더 많이 느낄 수 있으며 바디감이 좋다. 물을 적게 사용하는 가공 방식으로 물이 부족한 기후에 적합한 방식이다. 건식법으로 생산된 커피를 내추럴 커피(Natural coffee)라 한다.

수확한 커피체리

이물질 제거

그대로 펼쳐 말림

건조된 체리

(2) 펄포드 내추럴 가공 건조 방식(Pulped natural)

체리 수확을 한 뒤 껍질을 제거하고 점액질이 붙어 있는 파치먼트 상태 그대로 햇빛에 약 7~12일 정도 건조한다. 그 후 마른 과육을 기계로 벗겨내어 생두를 얻게 된다. 내추럴 가공 건조 방식과 같이 과육에 들어 있는 성분이 생두에 어느 정도 흡착되어 과일의 향미나 단맛의 향미를 많이 느낄 수 있다. 또한 체리의 껍질을 제거하는 과정에서 미성숙 체리를 제거할 수 있기 때문에 내추럴 방식보다 정

펄포드 내추럴 가공 건조 방식
(Pulped natural)

제도가 높은 편이다. 펄핑을 한 후에 점액질을 제거하지 않고 그 상태로 건조하는 방식으로 브라질에서 주로 사용된다. 건식법과 습식법의 중간적인 형태이다.

(3) 습식법, 워시드 가공 건조 방식

파치먼트에 달라붙어 있는 끈적끈적한 점액질(Mucilage)을 제거하는 과정으로 전통적 방법인 발효(fermentation) 과정이나 기계(Mucilage remover)를 사용하여 점액질을 제거한다. 발효 시간은 16~36시간 정도이며 산(Acetic acid, Lactic acid)이 생성되어 pH가 4까지 낮아진다. 발효과정 후 물로 다시 세척한다. 세계 커피 생산국의 대부분은 워시드 가공 방법을 선호한다. 과육이 대부분 제거된 상태에서 건조되고, 발효 과정에서 산도가 높아지다 보니 워시드 방법으로 가공된 커피는 내추럴 가공보다 일관된 맛과 향, 그리고 깨끗한 산도를 보여준다.

❶ **분리(separation)** 가벼운 체리(Floater)와 무거운 체리(Sinker)를 분리

❷ **펄핑(pulping)** 체리로부터 펄프(과육)를 벗겨내는 작업

❸ **점액질 제거(Mucilage removal)**

분리(separation) → 펄핑(pulping) → 점액질 제거(Mucilage removal)

(4) 세미 워시드(Semi washed)

Pulped natural과 다른 방식으로 체리 껍질을 벗긴 후 과육과 점액질까지 완전히 물에 씻거나 제거해버린 후 건조시키는 방식으로 영세한 농장에서 사용되며 지금은 별로 이용되고 있지 않다.

세미 워시드(Semi washed)

가공 방식의 비교

	건식법	습식법
과정	이물질 제거-분리-건조	분리-펄핑-점액질 제거-세척-건조
장점	생산단가가 싸고 친환경적	품질이 높고 균일
단점	품질이 낮고 균일하지 않음	많은 물의 사용으로 인한 환경 오염 문제
맛의 특성	단맛, 떫은맛과 강한 바디	신맛과 좋은 향
나라	브라질, 에티오피아, 예멘 인도네시아, 대부분의 로부스타 생산국	콜롬비아, 코스타리카, 케냐, 과테말라, 탄자니아 등 대부분의 아라비카 생산국

3 커피 생두의 분류 및 등급

생두는 그 품질이 모두 일정하지 않기 때문에 생산 국가별로 일정한 기준에 따라 분류하여 등급을 매기고 그에 따라 가격을 정한다. 생두의 규격과 등급은 커피콩의 크기, 재배 지역의 고도, 결점두 등에 의해 분류하며, 나라별로 적용 기준을 달리한다.

1) 재배고도에 의한 분류

재배고도에 따라 분류되는 커피는 생산고도가 높을수록 그 맛과 향이 뛰어나고 수확량이 적어 저지대에서 생산된 커피보다 당연히 그 등급이 높게 매겨지게 된다.

커피벨트(적도)에서 높은 재배고도가 높다는 것은 기온이 일정하며 생육조건이 좋다는 뜻이다. 즉 일교차가 심하지 않고 서리를 맞지 않는다는 의미이다. 생육환경이 일정할수록 커피는 밀도가 높아지는데 밀도가 높을수록 단단하며 뚜렷한 맛을 가지게 된다. 따라서 해발고도를 기준으로 하는 국가는 등급의 표기를 단단함으로 나누어 표기한다. 대표적인 나라가 과테말라나 코스타리카인데 Strictly Hard Bean(S.H.B)이 그 대표적인 등급이다.

생산고도에 따른 분류

<table>
<tr><th rowspan="2">나라</th><th rowspan="2">특 성</th><th>분류 내용</th></tr>
<tr><th>산지명(상표명)</th></tr>
<tr><td rowspan="2">코스타
리카</td><td rowspan="2">• 로부스타 생산이 법적으로 금지
• 비옥한 화산토양과 온화한 기후로 면적당 가장 높은 커피 생산량과 뛰어난 품질을 자랑
• Tarrazu는 상큼한 신맛과 아로마가 좋으며 맛이 깔끔하고 밸런스가 좋다.</td><td>SHB
GHB
HB</td></tr>
<tr><td>Tarrazu
Tres Rios</td></tr>
</table>

나라	특 성	분류 내용
		산지명(상표명)
과테말라	• 화산성 토양과 기후조건이 커피 생산에 있어 최적의 여건을 갖추고 있음 • Antigua는 '스모크 커피' 의 대명사	SHB, HB
		Antigua Coban Huehuetenango
멕시코	• 일반적으로 신맛이 강하고 전체적인 커피 맛은 부드럽고 마시기 편한 커피로 평가됨 • 바디가 강하지 않고 중성적인 특성 때문에 블렌딩의 기본 베이스로 많이 사용된다.	SHG HG(Altura)
		Oaxaca Tapachula
자메이카	• 세계 최고급 커피인 블루마운틴이 생산 됨 • 부드러운 신맛과 우아한 향이 일품 • Wellenford, Mavis Bank가 가공공장으로 유명	Blue Mt. High Mt. PW
		Blue Mountain

2) 결점두에 의한 분류

결점두는 생두의 품질을 나누는 중요한 요소 중에 하나이다. 결점두가 많을수록 커피의 질이 떨어진다. 결점두가 생기는 요인에 따라 커피맛에 주는 영향도 서로 다르다. 결점두의 종류 및 그에 따른 커피맛의 영향은 아래의 표에서 볼 수 있다. 특히 브라질의 경우 NY넘버를 사용하는데 NY넘버는 뉴욕에서 사용되는 분류기준이라 NY넘버라 불린다. 결점두(Defect bean)에 의한 분류를 하는 나라는 주로 건식법에 의해 커피를 생산하는 나라들이다.

나라	특 성	분류 내용
		산지명(상표명)
브라질	• 최대 커피 생산국 • 주로 내추럴 가공 방식 • Santos 항구에서 수출하여 브라질 산토스라 불림 • 일반적으로 커피가 중성적이며 블렌딩에 많이 사용 • 로부스타 품종-코닐론(conillon)	N0.2~N0.6
		• Santos • Cerrado

나라	특 성	분류 내용
		산지명(상표명)
인도네시아	• 연중 수확이 가능 • 로부스타 생산이 전체의 90% • Mandhelling – 강한 바디와 독특한 향	Grade1~Grade 6
		• Mandhelling • Gayo Mt • Toraja
에티오피아	• 아프리카 최대의 커피 생산국 • 가공방식은 워시드와 내추럴 방식을 함께 사용 • Harrar는 Long berry와 Short berry로 나뉨 • Yirgacheffe는 깔끔하고 신맛과 과일향이 좋음	Grade1~Grade 8
		• Yirgacheffe • Harrar • Sidamo
예멘	• 사막지역으로 생산량은 많지 않음 • 내추럴 생산, 분류 방식이 명확치 않음 • Mattari–강한 신맛과 초콜릿 향	–
		• Mattari • Sanani

결점두의 종류와 원인

결점두 종류	원인 및 형태 특징	커피맛에 주는 영향
Black Bean	생두의 수확이 늦은 경우 또는 수확 과정 중 땅에 떨어져 오랫동안 흙과 접촉하여 부패된 상태로 생두 표면이 검은 색을 띠고 주름이 있다.	불쾌한 신맛 떫고 시큼한 맛
Sour Bean	늦은 수확으로 너무 익어버린 체리가 부패하거나 흙과의 접촉 또는 발효탱크에 오래 방치한 경우에 발생하며 생두표면이 적갈색을 띠고 있다.	불쾌한 신맛 떫고 시큼한 맛
Dried Cherry	잘못된 펄핑 또는 탈곡 과정으로 인하여 체리가 제거되지 않은 상태로 생두에 붙어 있는 것을 말한다.	발효된 불쾌한 맛
Unripe Bean	체리가 미처 성숙되지 않은 상태에서 수확한 것으로 실버스킨의 색이 옅은 노란색을 띠거나 녹색에 가깝다.	강한 신맛과 떫은맛
Insect Damage Bean	커피콩 벌레(Hypothenemous Hampery)가 생두를 파먹은 것으로 생두표면에 작은 구멍이 있다. 생두 상태일 때 구분하기는 쉽지 않으며 로스팅 후 주로 보인다.	타르 맛 불쾌한 신맛
Broken Chipped (Broken Bean)	건조 과정 또는 탈곡기 등과 같은 장비가 잘못 조절되어 과도한 마찰력에 의해 생두가 깨진 상태	탄맛과 쓴맛

결점두 종류	원인 및 형태 특징	커피맛에 주는 영향
Parchment Bean	잘못된 탈곡 과정으로 인하여 건조된 파치먼트가 생두에 겹겹이 달라붙어 건조된 콩을 말한다. 자연건조방식보다 수세식 가공 시 많이 나타난다.	맛에 미치는 영향 없음
Shell	주로 유전적 원인이나 잘못된 탈곡과정으로 인해 생기며 모양이 조개를 닮아 패각두, 조개두라고도 한다.	탄맛과 쓴맛
Withered Bean	발육기간 동안 수분 부족으로 인해 체리 안에서 쪼그라든 콩으로 주로 센터컷의 가운데가 움푹 들어가는 모양을 보인다.	맛에 미치는 영향 없음
Hull/Husk	잘못된 선별 또는 잘못된 탈곡으로 인하여 발생되며 주로 자연건조 방식에서 주로 발생된다. 생두에 파치먼트가 그대로 붙어 있는 상태로 로스팅 시 대부분 제거된다.	불쾌한 쓴맛
Fungus Damaged	주로 건조미숙이나 보관상태 불량으로 발생하며 높은 수분으로 인해 콩에 곰팡이가 발생하고 이로 인해 노란색이나 적갈색을 띠는 콩을 말한다.	불쾌한 냄새와 불쾌한 맛
Stones & Earth Clods	선별불량으로 인하여 발생하며 돌이나 크고 작은 흙이 혼입된 상태이다.	맛에 미치는 영향 없음
Twing	크고 작은 나뭇가지가 혼합된 상태	맛에 미치는 영향 없음

Black Bean

Dry Cherry

Insect Damage

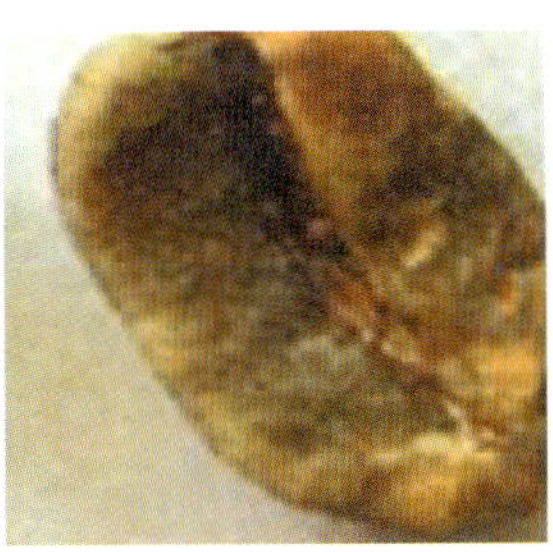
Fungus Damage

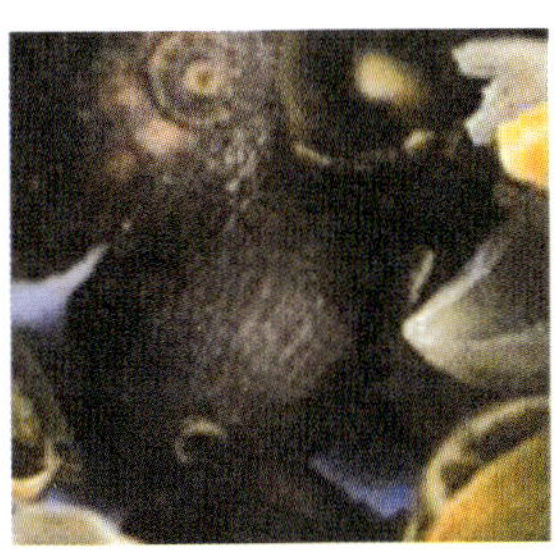
Black

Hull/Husk

Shell

Withered

Foreign Matter

3) 크기(Screen size)에 의한 분류

생두의 크기는 보통 스크린(Screen)이라고 하는 분류망을 통하여 분류를 한다. 생두의 크기가 클수록 등급이 높으며 케냐 같은 국가는 스크린 사이즈를 숫자가 아닌 별도의 문자(AA, AC 등)를 붙여 표기한다. 생두를 생산하는 대부분의 국가에서 사용하기 때문에 자국 기준에 의해 분류를 한 후 뒤에 스크린 사이즈를 표시하기도 한다. 예를 들면 "브라질 NY2 FC 17/18 세하도"라는 생두의 경우를 보면 NY2라는 결점두 기준에 따른 분류를 정해 놓고도 17/18 스크린 사이즈 즉 17~18에 해당하는 스크린 사이즈로 콩 크기를 분류했다고 별도로 표기해 주기도 한다.

스크린 사이즈로 분류하는 대표적인 나라는 콜롬비아와 케냐인데 콜롬비아의 수프리모(Supremo)와 케냐의 AA가 유명하다. 크기에 의한 분류를 채택하고 있는 나라들은 대부분 커피의 품질관리가 뛰어난 나라로서 상대적으로 결점두가 적은 우수한 품질의 커피를 생산하고 있는 나라들이다.

크기에 따른 분류

나라	특 성	분류 내용 / 산지명(상표명)
콜롬비아	• Mild 커피(워시드 커피)의 대명사 – 워시드 커피 최대 생산국가 • 전 세계 커피의 10%를 생산 • 후안 발데즈(Juan Valdez)라는 가공의 캐릭터로 커피를 홍보 • 절반 이상이 안데스 고산지대에서 생산	Supremo Excelso UGQ
		Medellin, Armenia Manizales, Narino Bucaramanga
케냐	• 커피는 대부분 1500m 이상에서 재배 • 독특한 쌉쌀한 맛이 일품이며 향이 강하고 신맛이 좋으며 밸런스가 잡힌 뛰어난 커피 • 주 재배 품종은 Bourbon과 Kent 종	AA, AB, C
		Kenya AA
탄자니아	• 생두는 회색을 띤 녹색 • 강한 신맛과 개성적인 부드러운 맛과 향, 중간 정도의 바디를 가진 아프리카를 대표하는 커피	AA, A, B, C, PB
		Kilimanjaro Moshi, Kibo
하와이	• 하와이 코나는 Typica 계열 • 하와이 섬 코나 지역의 낮은 고도에서 커피 생산 • 신맛과 고급스러운 향	Kona Extra Fancy Kona Fancy Kona Prime
		Kona
인도	• 아시아 2위 커피생산국가 • 아라비카와 로부스타의 생산 비율이 반반 • 주 품종은 Kent 종이며 몬순커피가 유명	Cherry AB/PB/C Plantation A/B/C
		Malabar AA

생두 사이즈 분류

1 스크린 사이즈(Screen size)=1/64인치≒약 0.4mm

스크린 No.	크기 (mm)	English		Spanish	콜롬비아	아프리카
20	7.94	Very Large Bean	–	–	–	
19	7.54	Extra Large Bean				AA
18	7.14	Large Bean	1st Flats	Superior	Supremo	A
17	6.75	Bold Bean				
16	6.35	Good Bean	2nd Flats	Segunda	Excelso	B
15	5.95	Medium Bean				
14	5.55	Small Bean	3rd Flats	Tercera		C

스크린 No.	크기 (mm)	English		Spanish	콜롬비아	아프리카
13	5.16	Peaberry	1st Peaberries	Caracol		PB
12	4.76					
11	4.30		2nd Peaberries	Caracoli		
10	3.97					
9	3.57		3rd Peaberries	Caracolillo		
8	3.17					

4 원산지별 원두의 종류 및 특성

1) 에디오피아

(1) 예가체프

Aroma	★★★★☆
Acidity	★★★★★
Sweetness	★★★☆☆
Bitterness	★★★☆☆
Body	★★★★☆

세계적으로 예가체프는 브랜드 이름으로 잘 알려져 있다. 예가체프 커피는 플로라라고 알려진 강렬한 꽃향기를 가지고 있다. 세척된 예가체프는 최상의 고지대에서 재배된 커피 중에 하나이다. 부드러우면서 짙은 꽃향기, 목넘김 이후에 남는 아련한 향, 부드러운 바디, 달콤한 신맛 등 일반적으로 과실의 상쾌한 신맛과 초콜릿의 달콤함, 그리고 와인에 비유되는 향미와 깊은 맛을 가진 것으로 평가된다.

(2) 하라르 커피

하라르 커피는 동부의 고원지대에서 생산된다. 하라르 커피 원두는 중간 크기이고 푸르면서 노란색을 띄고 있다. 중간 정도의 신맛과 풍부한 바디감, 그리고 독특한 모카 향을 지니고 있다. 세계적으로 하라르 무역 브랜드 이름으로 알려져 있으며, 세계에서 가장 품질이 좋은 프리미엄급 커피 중에 하나이다.

Aroma	★★★★☆
Acidity	★★★☆☆
Sweetness	★★★☆☆
Bitterness	★★★☆☆
Body	★★★★★

(3) 웰레가/네켐토

이 품종은 에티오피아 서부 지역에서 재배된다. 크기가 큰 편인 웰레가 원두는 과일 맛이 나는 것으로 잘 알려져 있다. 푸르면서 갈색이 돌고 적당한 신맛과 바디감을 가지고 있다.

Aroma	★★★★☆
Acidity	★★★★☆
Sweetness	★★★☆☆
Bitterness	★★★☆☆
Body	★★★★☆

(4) 리무

리무 원두는 톡쏘는 와인 풍미로 잘 알려져 있으며, 많은 로스터들에게 인기가 좋고 특히 유럽과 미국에서 인기가 좋다. 좋은 신맛과 바디감을 가지고 있으며, 세척된 리무 원두는 프리미엄 커피 중에 하나이다. 푸르스름하며 회색빛이 도는 중간 사이즈의 원두로 리무 커피콩은 대부분 둥근 모양을 가지고 있다.

Aroma	★★★★☆
Acidity	★★★★☆
Sweetness	★★★☆☆
Bitterness	★★★☆☆
Body	★★★★☆

(5) 시다모

시다모 커피 콩은 중간 사이즈이며 푸르스름한 회색빛을 띄고 있다. 균형잡힌 맛과 좋은 향으로 잘 알려진 시다모 세척 커피는 달콤한 커피라고도 불린다. 적당한 신맛과 좋은 바디감을 지니고 있으며 에티오피아 남부지방에서 생산된다. 시다모 커피는 고급 커피나 특제 커피를 위해 블렌드 되기도 한다.

Aroma	★★★★☆
Acidity	★★★★☆
Sweetness	★★★★★
Bitterness	★★★☆☆
Body	★★★★☆

(6) 짐마

뒷맛이 와인과 같은 짐마 커피는 건식과 습식으로 가공될 수 있다. 향이 풍부하며 신맛과 바디감이 좋은 커피이다.

Aroma	★★★★☆
Acidity	★★★★☆
Sweetness	★★★☆☆
Bitterness	★★★☆☆
Body	★★★★☆

2) 케냐

케냐 AA 원두는 강한 바디를 느낄 수 있으며 맛의 밸런스가 잘 잡혀있는 것이 특징이다. 과일향이 풍부하며 와인과 같은 알싸한 신맛과 풍부한 질감을 지니고 있다. 강배전을 할수록 신맛이 약화되는데, 국내에서는 대체로 강배전을 통해 신맛을 조절하는 편이다. 케냐 AA가 지닌 신선한 과일향은 과일류 디저트가 좋은데 베리타르트 혹은 과일, 건포도 등과 잘 어울리고, 강한 질감과 산미가 달고 진한 맛을 상쇄시키는 역할을 해 티라미슈와도 잘 어울린다.

Aroma	★★★★☆
Acidity	★★★★★
Sweetness	★★★☆☆
Bitterness	★★★☆☆
Body	★★★★☆

3) 탄자니아

탄자니아 커피는 킬리만자로산 모시 지방에서 재배된 커피가 대표적이며 강한 신맛과 개성적인 향을 지니고 있다.

Aroma	★★★★☆
Acidity	★★★★★
Sweetness	★★★☆☆
Bitterness	★★★☆☆
Body	★★★★☆

4) 인도네시아

(1) 만델링

인도네시아 만델링 또는 인도네시아 수마트라 만델링이라고 불리는 커피원두는 인도네시아 수마트라 섬에서 유래되었는데 유럽에서 인기가 높은 만델링 커피로 중남미 커피보다 맛이 강하고 부드럽다. 수마트라 특유의 토양 때문에 커피에서 초콜릿 맛과 고소하고 달콤한 향이 난다. 묵직하고 강렬한 바디를 가진 커피로 입안이 꽉 차오르는 느낌이 있고 신맛이 약하며 쓴맛 뒤에 오는 단맛 때문에 뒷맛의 여운이 오래도록 남는 커피이다.

Aroma	★★★★☆
Acidity	★★☆☆☆
Sweetness	★★★☆☆
Bitterness	★★★☆☆
Body	★★★★☆

(2) 자바

인도네시아 자바 커피는 예멘의 모카와 혼합하여 만든 모카 자바(Mocha Java)로 유명하다. 이는 인도네시아 커피의 총생산량 중에 약 17% 정도를 차지한다. 주로 정부 소유의 4대 농장과 같은 대규모 농장에서 생산되며 모두 물로 세척하는 방식으로 가공된다. 신맛이 적은 것이 특징이며 달콤한 초콜릿 향과 흙냄새, 스파이시한 향이 있다. 또한 진하게 마실 때는 톡 쏘는 듯한 풍미와 감칠맛을 느낄 수 있다. 많은 사람들이 저녁식사 후에 마시는 최적의 커피로 꼽는다.

Aroma	★★★★☆
Acidity	★★★☆☆
Sweetness	★★★★☆
Bitterness	★★★☆☆
Body	★★★☆☆

5) 콜롬비아

(1) 콜롬비아 수프리모(Colombia Supremo)

콜롬비아 안데스 산맥의 고산지대에서 재배되는 세계적으로 유명한 마일드 커피(Mild coffee)의 대명사다. 수프리모는 스크린 17 이상인 커피의 최고급 등급을 말한다. 생두는 짙은 녹색을 띠면서 로스팅 정도는 시티(City)와 풀 시티(Full City) 중간쯤으로 볶는다. 수프리모는 부드러운 신맛, 쓴맛, 진한 초콜릿 향과 단맛이 특징이다.

Aroma	★★★★☆
Acidity	★★★★☆
Sweetness	★★★★☆
Bitterness	★★★☆☆
Body	★★★★☆

(2) 콜롬비아 엑셀소(Colombia Excelso)

Aroma	★★★☆☆
Acidity	★★★☆☆
Sweetness	★★★☆☆
Bitterness	★★★☆☆
Body	★★★★☆

수프리모 다음으로 유명한 수출용 등급의 커피다. 수프리모 중에서 생두의 크기가 좀 더 작은 것을 엑셀소로 분류한다. 로스팅 정도는 풀 시티(Full City)로 로스팅 한다. 풍부한 신맛 달콤한 향을 가지고 있어서 매우 대중적인 향미를 가진 것으로 알려져 있다.

(3) 메델린(Medellin)

Aroma	★★★★☆
Acidity	★★★★☆
Sweetness	★★★☆☆
Bitterness	★★★☆☆
Body	★★★★☆

메델린 지역의 커피로 마일드 커피의 대명사다. 이 지역의 앞 글자를 따서 MAM's라는 브랜드로 함께 수출하기도 한다. 풍부한 향미와 산도를 가지고 있는 게 특징이다. 생두는 크기가 큰 편이며 청록색을 띈다. 로스팅 정도는 보통 풀 시티(Full City) 정도로 로스팅한다. 달콤한 향기과 신맛이 특징이다. 묵직한 바디감을 가지고 있어 남성적인 맛이라 평가되며 커피의 왕으로 평가되기도 한다.

(4) 마니살레스

Aroma	★★★☆☆
Acidity	★★★☆☆
Sweetness	★★★☆☆
Bitterness	★★★☆☆
Body	★★★★☆

마니살레스 지역의 커피로 메델린과 같이 MAM's라는 브랜드로 함께 수출하기도 한다. 생두는 짙은 녹색을 띠면서 로스팅 정도는 풀 시티(Full City)로 로스팅하는 게 적당하다. 약간의 신맛, 단맛과 초콜릿 향이 어우러져 부드러운 커피를 느낄 수 있다.

(5) 아르메니아(Armenia)

아르메니아 지역의 커피로 메데린과 마니살레스와 함께 MAM's라는 브랜드로 함께 수출하기도 한다. 생두는 청록색을 띠며 로스팅 정도는 풀 시티(Full City)로 로스팅하는 게 일반적이다. 메델린보다 신맛은 덜하지만 부드러운 단맛, 신맛, 초콜릿 향을 가지고 있다.

Aroma	★★★☆☆
Acidity	★★★☆☆
Sweetness	★★★☆☆
Bitterness	★★★☆☆
Body	★★★★☆

6) 브라질

(1) 버번 산토스(Bourbon Santos)

브라질 최고급 커피로 자란지 3~4년 된 아라비카 품종의 나무에서 수확한다. 버번은 아라비카의 가장 오래된 변종 중 하나이다. 열매를 맺기 시작한 지 3~4년 된 커피나무에서 작고 단단한 생두를 수확한다. 생두는 노란빛을 띄는 황색이며 로스팅은 시티(City)와 풀 시티(Full City) 로스팅 중간쯤으로 하는 것이 일반적이다. 향이 뛰어나고 단맛, 신맛 쓴맛이 골고루 조화를 이루며 뒷맛이 쟈스민 향이 나는 특징이 있다.

Aroma	★★★★☆
Acidity	★★★★☆
Sweetness	★★★☆☆
Bitterness	★★★☆☆
Body	★★★★☆

(2) 몬테알레그레(Montralegre)

브라질 남동부에 있는 몬테알레그레 농원에서 생산된 커피다. 로스팅은 하이(High)와 시티(City) 로스팅 중간쯤으로 하는 것이 일반적이다. 신선한 향, 신맛과 단맛이 조화를 이루어 부담없이 즐길 수 있다. 생두는 황색으로 표면이 매끄러운 편이다.

Aroma	★★★☆☆
Acidity	★★★☆☆
Sweetness	★★★☆☆
Bitterness	★★★☆☆
Body	★★★★☆

(3) 카페 리오테(Café Riote)

Aroma	★★☆☆☆
Acidity	★★☆☆☆
Sweetness	★★☆☆☆
Bitterness	★★★★☆
Body	★★★☆☆

브라질 커피 중 리오이(Rioy : 요오드 향) 향을 가진 커피로 요오드 성분을 함유한 떫은맛이 나는 커피다. 떫은맛, 쓴맛, 짠맛 때문에 커피 전문가들에게는 최악의 커피로 알려져 있다. 로스팅 정도는 시티(City) 로스팅이 적당하다.

7) 하와이

Aroma	★★★★☆
Acidity	★★★★☆
Sweetness	★★★☆☆
Bitterness	★★★☆☆
Body	★★★★☆

미국에서 유일하게 커피재배가 가능한 하와이 코나 원두커피는 달콤시큼한 파인애플향이 특징이다. 부드러우면서도 톡 쏘는 산미가 있으며, 향기가 좋다. 저녁에 마시기에 적당하다. 해발 4,000m 이상의 높은 화산 산비탈의 비옥한 토양에서 재배된다. 생산량이 연간 500여 톤으로 매우 적어 가격이 비싸다. 1825년 남미대륙을 돌아 하와이에 도착했다. 블루마운틴과 모카와 함께 세계 3대 커피로 인정받고 있다.

8) 베트남

Aroma	★★★☆☆
Acidity	★★★☆☆
Sweetness	★★★☆☆
Bitterness	★★★★☆
Body	★★★★☆

로부스타는 원두가 단단하고 옥수수처럼 구수하면서도 쌉쌀한 맛이 매우 강하다. 이외에 '아라비카 종'이 있는데 카티모르, 티피카, 버본, 카투아이 등이 대표적인 커피 품종이다. 바디감과 풍미를 가지고 있다.

9) 코스타리카

(1) 타라주(Tarrazu)

해발 1200~1700m에서 재배되는 SHB등급으로 타라주 지역에 있는 커피다. 로스팅 정도는 풀 시티(Full City)로 로스팅했을 때 상큼하면서도 톡 쏘는 신맛과 풍부한 바디감, 아로마 향을 느낄 수 있다. 생두는 황색이며 단단한 편이다.

Aroma	★★★★☆
Acidity	★★★★☆
Sweetness	★★★☆☆
Bitterness	★★★☆☆
Body	★★★★☆

(2) 코스타리카 카라콜리(Costa rica Caracoli)

커피 열매에 생두가 1개만 있는 것으로 '커피의 진주'라 불린다. 해발 1200 ~1700m에서 재배되며 등급은 피베리(Pea berry)라고 한다. 풀 시티(Full City)로 로스팅하면 상큼하면서 톡 쏘는 신맛과 산뜻한 아로마 향을 느낄 수 있다. 생두는 황색이며 크기는 작은 편이다.

Aroma	★★★★☆
Acidity	★★★★☆
Sweetness	★★★☆☆
Bitterness	★★★☆☆
Body	★★★★☆

(3) 트레리오스(Tres Rios)

남성적인 향미를 가진 프랑스 보르도 지역의 와인 맛과 비슷하다 하여 '코스타리카 보르도'라 불린다. 해발 1200 ~1700m에서 재배되는 SHB등급이다. 로스팅 정도는 풀 시티(Full City)로 하면 레몬 같은 상큼한 신맛이 강하며 균형잡힌 바디감과 풍부한 아로마 향을 가진다. 생두는 황색이며 표면은 매끄러운 편이다.

Aroma	★★★★☆
Acidity	★★★★☆
Sweetness	★★★☆☆
Bitterness	★★★☆☆
Body	★★★★☆

10) 예멘

(1) 예멘 모카 마타리(Yemen Mocha Mattari)

Aroma	★★★★★
Acidity	★★★★☆
Sweetness	★★★☆☆
Bitterness	★★★☆☆
Body	★★★★★

원래는 바니 마타르(Bani Mattari) 지역에서 재배된 커피를 지칭했으나, 현재는 그 주변 지역에서 생산된 커피도 '마타리' 라는 이름으로 판매되고 있다. 마타리는 향이 자극적이면서 와인, 초콜릿 그리고 매운 풍미를 내는 것이 특징이다. 바디 또한 풍부하다.

(2) 히라지(Hirazi)

Aroma	★★★★☆
Acidity	★★★★☆
Sweetness	★★★☆☆
Bitterness	★★★☆☆
Body	★★★★☆

사나에서 해안지방에 걸쳐진 높은 산맥 가운데 두 번째로 높은 봉우리에서 생산된 커피로, 가장 품질이 뛰어난 커피다. 상큼한 아로마 향과 신맛이 강한 게 특징이며 바디는 중간 이상이며 자극적이고 힘이 느껴지는 커피다.

(3) 다마리(Dhamari)

Aroma	★★★☆☆
Acidity	★★★★☆
Sweetness	★★★☆☆
Bitterness	★★★☆☆
Body	★★★★☆

남부지역의 다마리 지역에서 생산된 커피로 아니시(Anisi)라고 불린다. 와인 향과 신맛을 느낄 수 있으나 마타리나 하라지 보단 부드러운 맛을 느낄 수 있으며 바디는 매우 풍성하다.

IV

블렌딩(Blending)

COFFEE
KAHVIPUU
CANTATA

Ⅳ 블렌딩(Blending)

1 개념과 중요성

블렌딩(Blending)은 여러 종류의 커피원두를 섞어 향과 맛을 더욱 풍부하게 만들어 주는데 특성이 다른 2가지 이상의 커피를 혼합하여 새로운 향미를 가진 커피를 만들거나 균형 잡힌 맛과 향기를 내는 과정을 커피 블렌딩이라고 한다. 블렌딩을 하기 위해서는 단종별로 커피의 특성을 제대로 이해하고 있어야 한다. 최초의 블렌딩 커피는 인도네시아 자바 커피와 예멘, 에티오피아의 모카 커피를 혼합한 모카 자바(Mocha-Java)로 알려져 있는데, 고급 아라비카 커피는 스트레이트로 즐기는 것이 보통이지만 질이 떨어지는 원두의 경우 원두의 원산지, 로스팅 정도, 가공방법, 품종에 따라 혼합 비율을 달리하면 새로운 맛과 향을 가진 커피를 만들 수 있다.

2 향미에 따른 대표적인 커피의 블렌딩 비율

❶ 신맛과 향기로운 맛

콜롬비아 엑셀소 40%+멕시코 20%+브라질 산토스 20%+예멘 모카 20%

❷ 중후하고 조화로운 맛

브라질 산토스 40%+콜롬비아 엑셀소 30%+예멘모카 30%

❸ 달콤하고 약간 쓴맛

브라질 산토스 30%+콜롬비아 엑셀소 30%+인도네시아 자바 20%+탄자니아 킬리만자로 20%

❹ 쓰고 달콤한 맛

브라질 산토스 30%+콜롬비아 엑셀소 30%+엘살바도르 20%+인도네시아 자바 20%

❺ 단맛이 에스프레소

브라질 산토스 40%+콜롬비아 수프레모 40%+과테말라 SHB

원두의 배합 비율과 로스팅

향미	원두	비율	로스팅
신맛과 향기로운 맛	콜롬비아 엑셀소	40%	시티로스트 (City Roast)
	멕시코	20%	
	브라질 산토스	20%	
	예멘 모카	20%	
중후하고 조화로운 맛	브라질 산토스	40%	풀 시티 로스트 (full-city Roast)
	콜롬비아 엑셀소	30%	
	예멘 모카	30%	

향미	원두	비율	로스팅
달콤하고 약간 쓴맛	브라질 산토스	30%	풀 시티 로스트 (full-city Roast)
	콜롬비아 엑셀소	30%	
	인도네시아 자바	20%	
	탄자니아 킬리만자로	20%	
쓰고 약간 달콤한 맛	브라질 산토스	30%	풀 시티 로스트 (full-city Roast)
	콜롬비아 엑셀소	30%	
	엘살바도르	20%	
	인도네시아 자바	20%	
단맛이 있는 에스프레스	브라질 산토스	40%	프렌치 로스트 (French Roast)
	콜롬비아 수프레모	40%	
	과테말라 SHB	20%	

3 블렌딩 방법 및 유의점

커피를 블렌딩할 때는 우선 원하는 기호에 잘 맞는 생두를 선택하는 것이 중요하다. 다만, 혼합되는 원두의 가짓수가 너무 많지 않도록 3~5가지 안의 범위에서 선택하는 것이 좋다. 원산지 명칭을 사용하는 경우에는 해당 커피를 30% 이상은 사용하는 것이 좋다.

블렌딩 방법에는 2가지가 있다. 단종별로 각각 커피를 로스팅한 후에 블렌딩하는 단종 블렌딩이 있는데 이를 'Blending after Roasting' 라고 하며 반대로 생두를 일정 비율로 혼합한 뒤 한 번에 로스팅을 하는 혼합 블렌딩이 있는데 이를 'Blending before Roasting' 이라고 한다.

1) 로스팅 전 블렌딩(혼합블렌딩, Blending Before Roasting)

기호에 따라 미리 정해 놓은 생두를 혼합하여 동시에 로스팅하는 방법이다. 한번만 로스팅하므로 편리하고, 블렌딩된 커피의 색이 균형적이다. 그러나 생두의 특징이 고려되지 않기 때문에 정점 로스팅 정도를 결정하기 어려운 단점이 있다.

2) 로스팅 후 블렌딩(단종블렌딩, Blending After Roasting)

각각의 생두를 로스팅한 후 블렌딩하는 방법이다. 정점에서 로스팅된 원두가 서로 혼합되어 풍부한 맛과 향을 얻을 수 있다. 그러나 혼합되는 가짓수만큼 일일이 로스팅을 해야 하고, 생두에 따라 로스팅 정도가 다르므로 블렌딩 커피의 색이 불균형하다.

단종블렌딩과 혼합블렌딩의 비교

	단종 블렌딩(BAR)	혼합 블렌딩(BBR)
방법	각각의 생두를 따로 로스팅을 하고 난 후 블렌딩을 하는 방법	정해진 블렌딩 비율에 따라 생두를 미리 혼합한 후 로스팅하는 방법
장점	• 생두의 특성을 최대한 발휘할 수 있다 • 수확연도, 밀도 등이 차이가 많이 나는 경우 유리	• 한번만 로스팅을 하므로 편리 • 로스팅 컬러가 균일하다. • 재고 부담이 적다. • 균일한 커피 맛을 낼 수 있다.
단점	• 로스팅 횟수가 많고 재고 관리가 어렵다. • 항상 균일한 맛을 내기가 어렵다. • 로스팅 칼라가 불균일하다.	• 밀도, 수확연도 등이 차이가 많은 경우 적용이 어렵다. • 투입 온도와 화력 조절의 기준을 정하기가 어렵다.

3) 블렌딩 유의점

❶ 고객의 기호

가장 먼저 고객이 좋아하는 커피의 특성을 알아보고 결정한다.

❷ 커피 특성

가공 방법에 따라 맛과 향이 다르므로 서로 다른 향미 특성의 커피를 블렌딩 한다.

❸ 커피 콩의 공급 여건

품질을 유지하기 위해서 원활한 커피를 공급해야 한다.

❹ 커피 콩의 가격

서로 대체할 수 있는 블렌드를 미리 살펴본다.

❺ 블렌딩 방법

다양한 맛의 블렌드는 '로스팅 후 배합(BAR)' 방법이 좋다.

❻ 블렌딩의 기본원칙

- 사용하는 커피를 향과 맛의 특성별로 분류해야 한다.
- 배전 단계와 특징별로 포인트에 따라 분류해야 한다.
- 사용하는 생두의 안정적 확보를 염두해야 한다.
- 생두의 크기와 건조 상태가 일정한 것을 선택한다.
- 맛의 조화나 개성을 찾아내어 최적의 조합의 비율을 찾아낸다.
- 구입할 수 없는 특수한 커피를 블렌딩하기보다는 안정적으로 구입할 수 있는 커피를 선택하는 것이 좋다.

❼ 배전 후 블렌딩

- 커피생두의 품종에 따른 원두별 저장고(silo)가 필요하다.
- 블렌딩 비율에 계획적인 배전을 하지 않으면 특정 원두만이 남게 되어 재고에 부담이 생긴다.
- 주문에 따라 블렌딩이 가능하다.

❽ 블렌딩을 하는 이유

- 커피의 맛과 향을 다양하고 풍부하게 하려는 목적이다.
- 커피 블렌딩을 통해 커피의 품질을 일정하게 유지시킨다.
- 블렌딩으로 값비싼 유명한 커피콩 이름을 활용하여 마케팅 효과를 볼 수 있다.
- 대체용 커피콩의 배합으로 비용을 절감할 수 있다.

미국 시애틀 스타벅스 리저브 로스터리 매장(Seattle Starbucks Reserve Roastery)

V

로스팅(Roasting)

COFFEE
CANTATA
KAHVIPUU

V
로스팅(Roasting)

1 개념과 중요성

로스팅이란 원두 조직을 최대한 팽창시킴으로써 원두가 지니고 있는 맛과 향을 표현하는 것으로 생두의 수분 함량을 로스팅 포인트에 맞게 최대한 방출시키는 과정이다. 로스팅 과정에서 온도와 시간에 따라 색, 맛, 향미뿐만 아니라 다양한 변화가 일어나기 때문에 커피에 대한 폭넓은 이해와 생두의 특성을 잘 이해하고 있어야 한다. 즉 가공 과정에 따른 특성의 차이, 원산지별 커피의 특성, 품종에 따른 특성, 수분함유율과 밀도의 차이에 따른 특성 등을 숙지해야 한다.

2 로스팅 과정 및 변화

로스팅 과정은 건조 단계(drying phase), 로스팅 단계(roasting phase), 냉각 단계(cooling phase)이다.

1) 로스팅 과정

(1) 건조 단계(Drying phase)

건조 단계에서 콩의 색깔은 밝은 녹색에서 황록색을 거쳐 옅은 노란색으로 바뀐다. 향은 식물의 풋내에서 빵냄새와 같은 곡물 향으로 바뀌게 된다.

이 단계에서 커피콩의 수분은 수분함량에 따라 70~90%까지 소실된다. 흡열반응(endothermic)은 로스팅 초기 과정에 일어나는 반응으로 수분 함량이 감소하면서 원두의 내 · 외부 조직에 열 침투가 이루어지는 1차 크랙 전까지의 과정이다. 건조 단계에서는 커피콩 내부의 수분이 열을 흡수하면서 증발하며, 로스팅 전 과정 중 절반 이상의 시간을 차지한다.

(2) 로스팅 단계(Roasting phase)

실질적인 로스팅 단계로 두 번의 크랙이 발생하며 콩의 부피는 증가하고 조직은 부서지기 쉬운 상태로 바뀐다. 또한 캐러멜화에 의해 색깔은 점차 짙은 갈색으로 바뀌게 되며 CO_2와 휘발성 산이 생성된다.

발열 반응(exothermic)은 1차 크랙이 일어나는 시점으로 원두 내부의 조직이 팽창하면서 열을 방출시키는 단계로 2차 크랙으로 진행하면서 발열은 증가하며 오일, CO_2도 점점 많이 발생하는 과정이다.

❶ 1차 크랙(1st crack)

1차 크랙은 콩의 세포 내부의 수분이 기화하면서 엄청난 압력을 발생시키고 탄수화물이 산화되면서 많은 양의 CO_2가 발생한다. 이로 인해 커피콩의 가장 약한 부분인 센터 컷(center cut)이 벌어지면서 크랙 소리가 들리게 된다. 콩이 단단하거나 신선할수록 소리가 크게 들린다. 원두의 색상은 갈색을 띠며 단향을 내던 커피의 향은 신향을 바뀌게 된다. 이 과정은 커피에 흡수된 열이 밖으로 발산되는 발열반응으로 본격적인 커피의 향미 성분이 발현되는 지점이다.

❷ 로스팅 시작(Roast initiation)

커피콩의 색깔은 옅은 노란색에서 황갈색을 거쳐 갈색으로 바뀌게 된다. 콩의 부피는 수분 함량에 따라 50~60% 정도 팽창하며 콩과 은피(silver skin)의 서로 다른 팽창 정도에 따라 은피가 분리된다. 반응이 지속되면 다당류는 갈변 반응을 일으키는 캐러멜로 바뀌며 이런 캐러멜화(caramelization)는 커피 향기의 질을 결정 짓는 주요한 요인이다.

❸ 휴지기(Pause)

크랙 소리가 안 들리게 되어도 반응은 지속적으로 일어난다. 1차 크랙과 2차 크랙 사이에서 열역학의 변화가 일어나 발열반응에서 다시 흡열반응으로 바뀌게 된다.

❹ 2차 크랙(2nd crack)

세포 내의 탈수로 인해 커피콩은 보다 바삭바삭하게 된다. 이런 구조 변화는 세포 내의 지속적인 압력과 두 번째 크랙을 일으키게 한다. 두 번째 크랙은 콩의 목질 조직의 파괴에 의해 생성되며 다시 발열 반응으로 바뀌게 된다. 세포벽을 감싸고 있는 커피 오일은 가열되어 커피콩의 표면을 반짝이게 만들며 오일이 연소함에 따라 로스팅 머신에서 보다 짙은 연기가 나게 된다. 2차 크랙 이후 커피콩의 부피는 생두에 비해 80~90%까지 팽창한다.

(3) 냉각 단계(Cooling phase)

로스팅이 끝나면 즉시 열을 식혀야 하는데 그렇지 않으면 로스팅이 끝난 후에도 원두 자체에 남아 있는 고온의 복사열을 배출하여 로스팅이 진행될 수 있기 때문이다. 냉각과정이 신속히 이루어지지 않으면 커피의 향기가 감소하며 쉽게 산패할 수 있다. 이때 찬 공기를 순환시키거나 물을 분사시켜 냉각(water quenching)하게 된다. 물은 공기보다 냉각 효과가 더 좋으나 물의 양이 많게 되면 커피에 흡수되므로 주의하여야 한다.

2) 로스팅의 물리적 변화

생두를 로스팅하게 되면 여러 가지 변화들이 생기는데 공급된 열이 원두를 가열하여 복잡한 물리적, 화학적 과정이 연속적으로 일어난다. 수분이 증발함에 따라 생두의 무게가 감소하고 밀도가 줄어들면서 부피가 약 2배가량 증가하며 생두 내의 조직이 점차 다공질로 바뀌게 되고 휘발성 물질이 방출함에 따라 유기물 손실이 발생한다.

		Yellow 단계		1차 Crack		2차 Crack	
반응	흡열 반응			발열 반응			
색깔	Green	Yellow	Cinnamon	Light brown	Medium brown	Dark brown	Black
향	풋내	단향	단향+신향	신향	신향 +고유 향	고유 향	향의 감소
맛	로스팅이 진행될수록 신맛은 감소하고 쓴맛은 증가한다.						
형태	생두	수축		팽창		지속적 팽창	팽창 멈춤
중량 감소				12~14%		15~17%	18~25%

3 커피 로스팅 과정별 단계

로스팅 단계별 명칭이나 정의는 아래와 같이 일정치 않고 나라나 지역마다 달라 혼동을 주는데 SCAA에는 명칭이 아니라 원두 색깔의 밝기에 따라 Agtron No 25~95까지 총 8단계로 분류하고 있다. 또한 로스팅 단계를 원두의 밝기를 명도(L값)로도 표시할 수 있다.

로스팅 단계

SCAA	#95	#85	#75	#65	#55	#45	#35	#25
	Very Light	Light	Moderately Light	Light Medium	Medium	Moderately Dark	Dark	Very Dark
일본	Light	Cinnamon	Medium	High	City	Full-city	French	Italian
	1차 시작	1차 진행	1차 완료	2차 직전	2차 시작	2차 중간	2차 종반	2차 이후
명도 (L값)	30.2	27.3	24.2	21.5	18.5	16.8	15.5	14.2

1) 로스팅 정도에 따른 분류

(1) 라이트 로스트(light roast)

가장 약하게 로스팅된 상태로 아주 엷게 볶고, 밝고 연한 황갈색, 신맛이 매우 강하며, 향이 거의 없고 바디감은 느낄 수 없다.

(2) 시나몬 로스트(cinnamon roast)

약배전, 황갈색, 커피의 신맛이 가장 두드러지며, 생두의 외피로부터 떨어져 나온 은피(silver skin)가 가장 많이 제거 되는 단계로 엷게 볶고, 계피색의 약한 단맛과 쓴맛으로 향이 거의 없다.

(3) 미디엄 로스트(medium roast)

중약배전, 보통 정도로 볶고, 밤색, 중간 정도의 부드러운 맛으로 단맛, 신맛과 약한 쓴맛을 적절히 느낄 수 있어 편안하게 마실 수 있다.

(4) 하이 로스트(high roast)

중배전, 미디엄보다 좀 더 볶고 연한 갈색, 신맛보다 단맛이 더 두드러지게 되며 약한 신맛을 느낄 수 있으며, 가장 많이 로스팅되는 단계이다. 레귤러 커피로써 핸드드립용으로 가장 이상적이다.

(5) 시티 로스트(city roast)

중강배전, 균형 잡힌 맛과 다소 강한 향미를 느낄 수 있는 단계로 중간 정도로 볶고, 진한 밤색, 깊은맛, 표준적인 맛, 약한 신맛과 쓴맛으로 스트레이트 커피로 사용한다.

(6) 풀시티 로스트(full-city roast)

강약배전, 강하게 볶아 신맛보다는 쓴맛과 커피 고유의 깊은 맛, 아이스 커피로 적당하며, 우유 등을 가미한 메뉴 제조에 적당하다.

(7) 프렌치 로스트(french-city roast)

강배전, 강하게 볶고, 진한 흑자색, 매우 깊은 맛, 약한 단맛과 신맛, 강한 쓴 맛, 원두표면의 지방이 스며 나오며, 유럽 스타일의 카페 로얄, 아이리시에 사용된다.

(8) 이탈리안 로스트(Italian roast)

탄화할 정도로 볶고, 검은 색에 가까운 색, 약한 단맛, 매우 강한 쓴맛, 커피 특유의 향이 없고, 원두가 타는 향이 나며, 에스프레소와 카푸치노 용도로 적당하다.

로스트 단계별 상태

라이트

시나몬

미디엄

하이

시티

풀시티

프렌치

이탈리안

4 커피의 주요 구성 물질

1) 수분함량

로스팅을 하면 가장 많이 줄어드는 성분으로 8~12%였던 수분 함량은 로스팅 정도에 따라 1~5%까지 줄어들며 미디엄 로스트일 때 2~3% 정도이다(8~12% → 1~2%).

■가용성 성분

- 가용성 성분이란 원두를 분쇄하여 뜨거운 물로 추출하였을 때 녹아 나오는 성분을 말하며 많을수록 맛과 향이 진해진다.
- 생두의 당분, 단백질, 유기산 등은 갈변반응을 통해 가용성 성분으로 변한다.
- 로부스타는 아라비카보다 약 2% 많으며 고온에서 단시간 로스팅하면 약 2~4% 증가한다.

2) 가스

- 로스팅 중 생두는 1g당 2~5ml의 가스를 발생한다.
- 가스성분의 87%는 탄산가스로 고온의 열로 인한 건열 반응에 의해 생성된다.
- 가스의 50% 정도는 즉시 방출되나 나머지는 서서히 방출되면서 향기 성분이 공기 중의 산소와 접촉하는 것을 막아준다.

3) 향기성분

- 당분, 아미노산, 유기산 등이 로스팅 과정을 거치며 갈변 반응을 통해 향기 성분으로 바뀐다.

- 휘발성 화합물은 중량의 0.05% 미만인 700~2,500ppm으로 매우 적은 양이나 800여 가지가 되며 가스방출과 함께 증발, 산화되어 상온에서 2주가 지나면 커피 향기를 잃어버린다.
- 생두의 품종, 재배지 고도, 가공, 로스팅 방법 등에 따라 달라진다.
- 아라비카종 〉 로부스타종
- 로스팅이 진행되면서 풀시티 로스트까지 증가하나 프렌치, 이탈리안 로스트에 이르면 오히려 감소한다.
- 원두에 있는 약 800여 종의 휘발성 성분 가운데 15~20종이 향기의 주요 속성과 연관된 것으로 추정된다.

로스팅에 따른 성분의 상대적 변화

<table>
<tr><th colspan="2" rowspan="2">성분</th><th colspan="2">생두(%)</th><th colspan="2">원두(%)</th></tr>
<tr><th>전체</th><th>가용성성분</th><th>전체</th><th>가용성성분</th></tr>
<tr><td rowspan="2">탄수화물</td><td>당분</td><td>10.0</td><td>10.0</td><td>18.0~26.0</td><td>11.0~19.0</td></tr>
<tr><td>섬유소 외</td><td>50.0</td><td>–</td><td>37.0</td><td>1.0</td></tr>
<tr><td colspan="2">지방</td><td>13.0</td><td>–</td><td>15.0</td><td>–</td></tr>
<tr><td colspan="2">단백질</td><td>13.0</td><td>4.0</td><td>13.0</td><td>1.0~2.0</td></tr>
<tr><td colspan="2">무기질</td><td>4.0</td><td>2.0</td><td>4.0</td><td>3.0</td></tr>
<tr><td rowspan="2">산</td><td>클로로제닉산</td><td>7.0</td><td>7.0</td><td>4.5</td><td>4.5</td></tr>
<tr><td>유기산</td><td>1.0</td><td>1.0</td><td>2.35</td><td>2.35</td></tr>
<tr><td rowspan="2">알카로이드</td><td>트리고넬린</td><td>1.0</td><td>1.0</td><td>1.0</td><td>1.0</td></tr>
<tr><td>카페인</td><td>1.0</td><td>1.0</td><td>1.2</td><td>1.2</td></tr>
<tr><td rowspan="2">휘발성
화합물</td><td>탄산가스</td><td>–</td><td>–</td><td>2.0</td><td>미량</td></tr>
<tr><td>향기성분</td><td>–</td><td>–</td><td>0.04</td><td>0.04</td></tr>
<tr><td colspan="2">페놀</td><td>–</td><td>–</td><td>2.0</td><td>2.0</td></tr>
<tr><td colspan="2">총량</td><td>100</td><td>26</td><td>100</td><td>27~35</td></tr>
</table>

4) 맛 성분

로스팅을 하면 당분, 유기산, 카페인, 무기질이 화학 반응하여 신맛, 단맛, 쓴맛, 떫은맛 등을 생성한다. 맛 성분은 주로 가용성으로 끓는 물에서 약 18~22% 추출된다.

구분	내용
신맛	• 클로로제닉산, 옥살릭산, 말릭산, 시트릭산, 타타릭산 같은 유기산에 기인한다. • 아라비카종은 유기산이 많아 신맛이 강하며 pH 4.9~5.1이다. • 로부스타종은 유기산이 적어 신맛이 약하며 pH 5.2~5.6이다. • 라이트-시나몬 로스트일 때 신맛이 가장 강하다.
단맛	• 환원당, 캐러멜당, 단백질 등에 기인한다. • 아라비카종이 로부스타종보다 더 강하다. • 프렌치 로스트 정도로 강하게 볶을 때 증가한다.
쓴맛	• 알카로이드인 카페인과 트리고넬린, 카페익산, 퀴닉산 등의 유기산과 페놀릭 화합물에 기인한다. • 로부스타종이 아라비카종보다 더 강하다. • 너무 강하게 볶아 탄화가 일어나면 증가한다.

5) 카페인(Caffeine)

카페인은 열에 안정적으로 볶을 때 일부가 승화되어도 대부분은 원두에 남아 있다. 1잔의 레귤러 커피 속에는 40~180mg, 인스턴트 커피 속에는 30~120mg 정도 함유되어 있다. 퓨린(Purine) 염류에 속하며 재배지, 품종에 따라 함량의 차이가 있지만 아라비카보다는 로부스타종에 카페인 함량이 많기 때문에 아라비카종과 로부스타종을 쉽게 구별할 수 있다.

구분	내용
생두	• 퓨린(Purine) 염류에 속하며 재배지, 품종에 따라 함량 차이가 크다. • 로부스타종이 아라비카종에 비해 2배 가까이 함유되어 있다. • 테오브로민(theobromine) 등은 로부스타 종의 미숙과에만 함유 • 씨앗뿐만 아니라 잎에도 소량 함유(나무껍질과 뿌리에는 없음) • 녹는점은 238℃이고 승화온도는 178℃이지만 실제로는 130℃에서 승화를 시작한다.
원두	카페인은 열에 안정적이어서 130℃ 이상이 되면 일부 승화하여 소실되나 대부분은 원두에 남는다.

6) 탄수화물

생두와 원두 유리당

구분	내용
생두	• 유리당류는 배전커피의 갈색이나 향의 형성에 큰 영향을 미친다. • 유리당류 중 자당(Sucrose)이 주성분으로 6~8% 정도 포함되어 있다. • 유리당류는 아라비카종이 로부스타종보다 많이 함유
원두	• 유리당류는 배전 후에 거의 소실된다. - Sucrose는 배전 후에 갈색 색소, 非Phenolic carbonic acid류, 향기성분으로 변화하고 나머지는 CO_2와 물로 사라진다.

7) 단백질

커피생두의 단백질은 약 50%가 수용성 알부민(Albumin)이다. 단백질의 아미노산 조성은 Methionine와 Tryptophan을 제외하면 전 단백질의 아미노산 조성과 아주 유사하다. 이 알부민은 보존과정에서 분해되어 감소한다.

8) 지질(Lipid)

생콩 속에 지질은 아라비카종 평균 15.5%, 로부스타종 평균 9.1% 함유되어 있다.

장기 저장 시 지질의 산가는 증가하며 커피생두의 색깔은 녹청색 → 옅은 녹청색 → 황색 → 갈색으로 변화한다. 또한 저장기간이 길어질수록 lipase에 의한 가수분해가 촉진되어 산가가 높아진다.

• 커피생두의 지질 성분

: Triglyceride / Diterpene / Tocopherol(Vitamin E) / Phospholipid

5 로스팅 분류

1) 로스팅 방식

(1) 직화식(直火式)

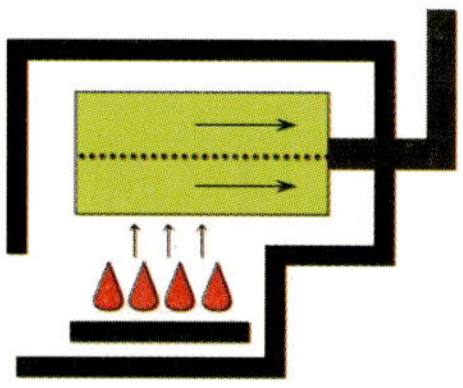

가스를 이용하여 드럼 표면에 직접 열을 전달하는 방식이다. 화력이 드럼의 구멍을 통해 직접 드럼 내부의 커피를 로스팅하는 방식으로 드럼 외부 표면에 미세한 구멍이 균일하게 나 있어 점화된 버너의 열량이 드럼 외부를 통해 내부로 전달된다. 열량이 직접 공급됨으로써 원두 표면을 태울 수 있는 단점이 있지만 커피의 맛과 향을 살릴 수 있는 로스터의 개성을 발휘할 수 있다.

(2) 반열풍식(半熱風式)

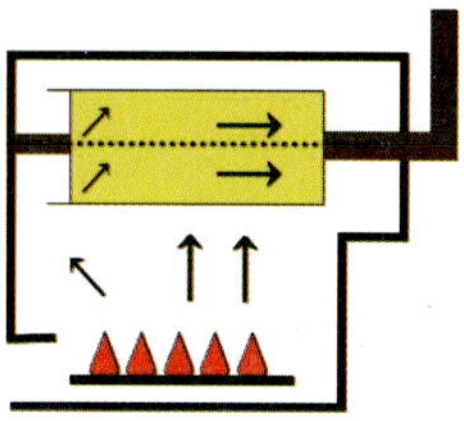

반열풍식은 드럼 표면에 직접 열량을 공급함과 동시에 드럼 후면에 있는 미세한 구멍을 통해 뜨거운 열풍도 같이 전달한다. 화력의 일부는 드럼을 가열하여 데워진 드럼에 의해 커피를 로스팅하고 또 일부는 드럼 뒤쪽을 통하여 드럼 내부로 전달되어 로스팅되는 방식으로 안정적인 커피 맛과 향을 표현할 수 있으며, 균일한 로스팅이 가능하다.

(3) 열풍식(熱風式)

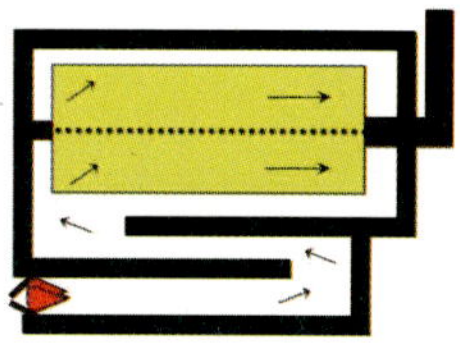

드럼 내 · 외부에 직접 화력이 공급되지 않고 고온의 열풍만을 사용하여 내부로 주입하는 방식으로 대량 생산 공정에 주로 사용된다. 단시간에 로스팅이 가능하고 배전시간을 단축시킬 수 있는 방법이다. 드럼의 뒷부분을 통하여 열풍을 원두 사이로 순환시켜 커피를 로스팅하는 방식으로 대형 로스팅 방식이다.

2) 로스팅 방식에 따른 특성

로스팅 방식은 일반적인 드럼 로스터로 소규모로 하는 저온-장시간 로스팅 방식과 대규모 공장에서 유동층 로스터(Fluidized bed roaster)를 사용하여 연속적으로 높은 온도에 짧은 시간에 하는 고온-단시간 로스팅이 있다.

구분	저온-장시간 로스팅	고온-단시간 로스팅
로스터의 종류	드럼 로스터	유동층 로스터
커피콩의 온도	200~240℃	230~250℃
시간	15~20분	1.5~3분
밀도	상대적으로 팽창이 적어 밀도가 큼	상대적으로 팽창이 커 밀도가 작음
향미	신맛이 약하고 뒷맛이 텁텁하나 중후함이 강하고 향기가 풍부	신맛이 강하고 뒷맛이 깨끗하나 중후함과 향기가 부족
가용성 성분	적게 추출	10~20% 더 추출
경제성	고온-단시간 로스팅이 한 잔당 커피사용량을 10~20% 덜 쓰게 되어 경제적이다.	

3) 로스터기의 열 전달 방식

(1) 전도

전도는 열이 따뜻한 쪽에서 다른 쪽으로 분자의 이동에 의해 전달되는 방식을 말한다. 로스터기 드럼에 생두를 투입하면 생두가 주변의 열을 흡수하게 되는 이때 생두끼리 부딪히면서 열전도 현상이 일어난다. 열을 먼저 흡수한 생두가 자신보다 차가운 생두에 접촉을 통해 열을 전달해 주는 방식이다.

(2) 복사

타오르는 모닥불에 손을 대거나 난로 옆에 섰을 때 따뜻한 열이 전달되는 느낌을 말한다. 복사열은 파장의 형태로 전해지는데 중간에 아무런 물질이 없어도 열선이 전해지는 것을 열복사라고 한다. 직화식 로스터기의 경우 드럼에 직접 가해지는 열로 인해 복사열의 영향을 크게 받지만 열풍식이나 반열풍식의 경우 복사열의 영향이 크지 않다.

(3) 대류

대류는 유체(기체나 액체)가 부력에 의한 상하운동으로 열을 전달하는 것으로써 촛불에 손을 댔을 때 촛불의 주변보다 위가 더 뜨겁게 느껴지는 것을 알 수 있다. 이는 촛불의 가열로 인해 유체의 이동이 자연스럽게 위로 이동해서 열이 전달되기 때문인데 이러한 대류방식을 자연대류라고 한다.

4) 홈 로스팅

최근에는 가정에서 직접 로스팅을 하여 커피를 즐기는 사람들이 점차 증가하고 있다. 홈 로스팅이란 가정에서 커피를 즐기기 위해 로스팅 머신이 아닌 기구나 소형 전기로스터를 사용하여 가정에서 직접 로스팅하는 것을 말한다. 홈 로스팅을 할 수 있는 도구는 매우 다양하며 열이나 화력을 생두에 전달할 수 있는 도구로 원두를 구입하는 것보다 훨씬 경제적이다.

도기로스터

가정용 전기로스터

(1) 수망로스팅

❶ 생두에 결점두를 골라낸 후 100g을 계량하여 수망에 넣고 고정시킨다.

❷ 20cm~25cm 정도의 높이에서 시작해서 흔들어 준다. 2~3분 정도 지나면 콩의 색이 약간씩 변화한다.

❸ 10~15cm 정도로 내려서 골고루 열이 가하도록 흔들어준다 4~5분 정도 지나면 본격적으로 은피가 분리되기 시작하고 콩의 색깔이 노란색을 띠며 고소한 향이 나기 시작한다.

❹ 색깔이 점자 짙어지며 고소한 향이 점차 사라지고 신향이 계속 강해지기 시작한다.

❺ 6~7분 정도 지나면 '딱딱' 하는 소리가 나기 시작하면서 1차 크랙이 발생한다. 신향이 차츰 약해지고 커피고유의 향이 나기 시작하면 불을 조금 줄여준다.

❻ 10분 정도 지나면 연기가 나기 시작하고 곧이어 '딱딱' 하는 소리가 나며 2차 크랙이 발생하는데 소리가 1차 크랙에 비해 보다 크고 규칙적이다. 2차 크랙이 발생하면 불을 좀 더 줄여준다.

❼ 원하는 로스팅 단계에 도달하면 철망에 빨리 옮긴 다음 헤어드라이어의 냉풍이나 선풍기 등을 이용하여 완전히 식혀준다.

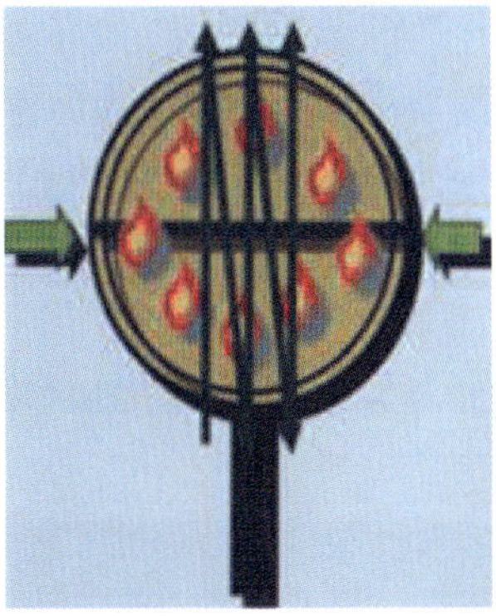
좌우로 이동시켜 골고루 전달한다.

원을 그리며 수망을 회전시킨다.

원을 그리면서 잘 섞이도록 한다.

(2) 수망 로스팅의 주의점

❶ 수망을 불에 수평이 되도록 유지해 주어야 열이 골고루 전달된다.

❷ 원두별로 색깔의 차이가 없이 균일한지 살펴보고 색깔 차이가 많이 나면 열이 골고루 전달되지 못한 것이다.

❸ 생두의 형태와 향이 어떻게 변화하는지 살펴본다. 팽창이 잘 되었으면 로스팅이 잘 된 것이다.

❹ 로스팅이 완료될 때까지 수망을 쉬지 않고 잘 섞어 주어야 한다. 탄 콩이 눈에 많이 띠면 잘 섞어주지 못한 것이다.

❺ 원두를 씹었을 때 바삭한 느낌이 나야 하며 단맛이나 신맛이 나야 한다.

VI

커피분쇄(Grinding)와 추출

COFFEE
KAHVIPUU
CANTATA

VI 커피분쇄(Grinding)와 추출

1 분쇄(Grinding)와 추출의 기본 조건

커피를 추출할 때 분쇄하는 이유는 커피를 잘게 부수어 물과 접촉하는 커피의 표면적을 넓게 함으로써 커피의 유효성분이 쉽게 용해될 수 있도록 한다. 일반적으로 핸드드립의 경우는 0.5~0.7mm, 에스프레소 머신은 0.3mm 이하, 사이펀은 0.5mm, 프렌치 프레스는 1.0mm 이상이다.

1) 분쇄 종류의 및 유의점

구분	에스프레소 분쇄	가는 분쇄	중간 분쇄	굵은 분쇄
굵기	0.3mm 이하	0.5mm	0.5~1.0mm	1.0mm 이상
적용	에스프레소	사이폰	드립식 추출	프렌치프레스
추출시간	30초	1분	3분	4분

(1) 분쇄 시 유의점

추출하고자 하는 기구의 특성에 알맞은 크기의 입자로 분쇄를 하여야 하며 분쇄 시 발생되는 커피 먼지로서 물에 쉽게 용해되어 좋지 않은 맛의 원인이 되므로 되도록 미분이 발생하지 않도록 해야 한다. 또한 분쇄 시 발생하는 열은 커피의 맛과 향을 쉽게 변질시키므로 열의 발생을 최소화해 주어야 하며 입도가 고르지 못하면 커피 입자마다 물과 접촉하는 면적의 차이로 용해 속도가 달라지고 이로 인해 커피 맛이 떨어지게 된다.

(2) 분쇄방식

분쇄 입자가 고르지 못하면 커피 입자와 물과의 접촉 시간이 서로 달라 추출 시 좋은 맛을 기대하기 어려우므로 원활한 추출을 위해서는 좋은 그라인더 구비가 필수적이다. 그라인더는 분쇄 원리에 따라 충격식(Impact)과 간격식(Gap) 그라인더로 나뉘는데 칼날형은 충격식으로 고른 분쇄가 어려우며 나머지는 모두 간격식이다.

❶ 원뿔형 그라인더(Conical burr type)

원뿔형은 회전수가 적고 열 손상이 적으나 회전력이 낮고 균일하게 분쇄되지 않기 때문에 에스프레소 추출에는 적합하지 않다. 조절나사를 돌려 높낮이를 조정함으로써 입자의 크기를 바꿔줄 수 있으며 회전 시 열이 발생하지 않도록 주의해야 한다.

❷ 평면형 그라인더(Flat burr type)

커피 원두가 버(burr)라고 부르는 두 개의 금속판 사이를 통과하면서 분쇄하는 방식으로 균일하게 분쇄되기 때문에 에스프레소에는 적합하며 안정감이 있는 추출이 가능하나 높은 회전률로 정전기 현상들이 생기며 미분이 남는 단점이 있다.

❸ 롤형 그라인더(Roll grinder)

롤형은 산업용 그라인더로 실린더 형태의 칼날이 돌아가면서 분쇄되는 형태로 주로 대형 업체에서 대량 분쇄 시 사용된다.

2) 추출의 기본 조건

(1) 추출 과정

추출이란 커피에서 커피 성분을 뽑아낸다는 의미이다. 물이 분쇄된 커피입자 속으로 스며들어 커피 성분 중 물에 녹는 가용성 성분을 용해하게 되고 그 다음에 용해된 성분들이 커피입자 밖으로 용출(溶出)되는 과정을 거치게 되며 마지막으로 용출된 성분을 물을 이용해 뽑아내는 과정을 통해 추출을 하게 된다(침투 → 용해 → 분리).

뜨거운 물은 커피 향미 성분의 약 80% 정도를 추출할 수 있는데, 보통 좋은 성분 향기, 상큼한 맛, 달콤한 맛은 먼저 추출되고, 좋지 않은 성분으로 떫은맛, 쓴맛은 물과 오래 접촉하면서 천천히 추출된다. 따라서 추출 기구들의 특성을 제대로 파악하고 다룰 수 있는 요령을 터득해야 한다.

(2) 좋은 커피를 위한 조건(SCAA Brewing Handbook)

❶ 커피와 물의 적정 비율

적정한 커피 농도(Strength)는 1.0~1.5% 사이가 적당한 것으로 커피의 농도가 1%보다 낮으면 너무 약한 맛이, 1.5%보다 높으면 너무 강한 맛을 느끼게 되고 수율이란 사용한 커피 가루에서 녹아 들어간 양의 비율을 나타내는 것으로 적정 추출 수율 18~22%가 가장 이상적이며 18% 미만이면 과소 추출이 되어 풋내(grassy)가 나며, 반대로 22% 이상이면 과다 추출이 되어 쓰고 떫은맛(astringent)이 난다.

❷ 추출 시간에 따른 정확한 분쇄

추출시간이 길수록 입자를 굵게, 짧을수록 입자를 가늘게 해 주어야 한다. 굵게 분쇄된 커피는 입도가 굵으므로 커피 성분이 추출되는 시간이 길 수밖에 없다. 어느 기구로 커피를 내릴 것인가에 의해 분쇄 정도를 조절하고, 추출하고자 하는 기구의 특성을 고려하여 그에 맞는 크기로 분쇄를 해야 한다.

❸ 커피분쇄 입자와 물의 접촉 시간

추출시간이 길어지면 맛에 좋지 않은 성분들이 많이 나오게 되어 커피맛이 안 좋아진다. 따라서 적정 추출 시간 안에 커피를 뽑을 수 있어야 한다.

❹ 물의 온도

커피를 추출할 때 적당한 온도는 92~96℃이지만 원두의 배전도에 따라 약배전된 원두는 조금 높은 온도로, 강배전된 원두는 조금 낮은 온도의 물로 추출하는 것이 좋다. 일반적으로 배전 정도에 비해 높은 온도로 추출하면 뜨거운 물에 쉽게 용해되는 카페인 성분에 의해 더욱 쓴맛이 강조되며 너무 낮은 온도로 추출하면 커피의 성분을 충분히 추출하지 못하게 되어 밋밋한 맛의 커피가 추출될 수 있다.

(3) 최적의 추출 방법 기구의 선택

원하는 맛을 표현해 줄 수 있는 적당한 추출 기구를 선택해야 한다. 마일드한 맛을 표현하고자 할 때는 칼리타 드리퍼로 추출을 하며, 진한 맛을 원할 때는 융으로 추출을 한다.

※ 좋은 품질의 물

커피 추출에 사용되는 물은 완전히 순수한 물이 아니라 약간의 미네랄이 함유되어 있어야 하며 물의 경도에 따라 커피맛이 달라진다. 일반적으로 50~100ppm의 무기질이 함유된 물로 신선하고 냄새와 불순물이 없는 물이어야 한다.

※ 적당한 컵의 선택

마일드한 커피를 마실 때는 테두리가 넓은 컵이나 두께가 얇은 컵을 사용하며 쓴맛이 강한 커피를 마실 때는 일직선 타입의 컵과 두께가 두꺼운 컵을 사용해야 그 맛을 더 잘 느낄 수가 있다.

※ 다양한 추출방식

❶ Steeping(침지) : 분쇄된 커피 입자를 용기에 뜨거운 물과 일정 시간 혼합하여 커피 성분을 추출하는 방식
  ex) 프렌치프레스(French press)

❷ Decoction(달임) : 커피입자가 용기 안에 물과 혼합된 상태로 임의의 시간 동안 가열되는 방식
  ex) 터키식 커피(Turkish coffee)

❸ Percolation(삼출, 삼투) : 펌프로 뜨거운 물을 커피입자에 통과시키고 추출된 성분을 다시 커피입자에 재순환시키는 방식
  ex) 퍼컬레이터(Percolator)

❹ Drip filtration(드립 여과) : 용기에 커피를 담은 후 뜨거운 물이 한번만 통과해 추출하는 방법
  ex) 페이퍼 드립, 융 추출, 워터드립

❺ Vacuum filtration(진공 여과) : 증기압이 물을 위로 밀어 커피를 통과한 후 증기압이 사라지면 다시 하부로 내려오면서 추출되는 방법으로 Seeping의 변형
  ex) 사이펀

❻ Pressurized infusion(가압주입) : 가압된 물(2~10기압)이 다져진 커피 케이크를 통과하여 추출하는 방법
  ex) 모카포트, 에스프레소

2 제반 추출방법

1) 핸드드립

핸드드립(Hand drip)은 드립 포트와 드리퍼, 서버를 이용하여 사람의 손으로 직접 커피를 추출하는 방법이다. 페이퍼를 이용한 Melitta, Kalita, Kono 추출과 융을 이용한 추출 방법이 있다.

핸드드립의 두 가지 방법 중 정교한 물줄기를 주입하는 정드립의 경우, 처음부터 끝까지 동일한 방향으로, 일정한 속도와 굵기를 유지하는 것이 좋다.

커피 조직 속 여러 향미의 균형감은 물줄기를 같은 방향으로 일정하게 주입해야 추출액 흐름의 방향이 깨지지 않고 일정하게 표현된다. 방향이 변경되면 추출시간이 지연되어 맛의 균형감이 깨질 수 있다. 또한 물줄기의 속도와 굵기에 따라 커피의 맛과 농도가 달라지기 때문에 물줄기를 일정하게 유지하는 것이 중요하다.

(1) 드리퍼(Dripper)

여과지를 올려놓고 분쇄된 커피를 담는 기구를 말하며 각기 형태에 따라 같은 커피를 사용하여 추출되어 커피의 맛이 달라지므로 종류별로 그 특성을 이해해야 원활한 추출이 이루어진다.

(2) 리브(Rib)

드리퍼 내부의 요철을 말하며 물을 부었을 때 공기가 빠져나가는 통로 역할을 해준다. 드리퍼에 따라 리브의 높이와 수가 다르게 설계되어 있는데 리브의 수가 많고 그 높이가 높을수록 물의 통과가 잘 된다.

(3) 뜸(불림)

커피 추출의 첫 번째 단계는 바로 뜸이다. 뜸을 잘 들여야 커피 성분이 원활하게 추출되어 맛있는 커피를 만들 수 있다. 커피에 물을 부어 뜸을 들이게 되면 물이 균일하게 확산되면서 가루 전체에 물이 고르게 퍼지게 된다. 그러면 커피 입자가 물을 흡수하여 커피의 수용성 성분이 물에 충분히 녹게 되어 추출이 원활하게 이루어진다. 만일 이런 뜸을 들이는 과정 없이 바로 추출을 하게 되면 수용성 성분이 물에 용해될 시간이 없어 싱거운 커피가 추출될 수밖에 없게 된다.

또한 커피에 함유되어 있는 탄산가스와 공기를 빼주는 역할을 해준다. 뜸이 제대로 들어 잘 부풀어 올라야 커피가 가지고 있는 향과 맛을 표현할 수 있다. 뜸을 주는 방법은 여러 가지가 있으나 일반적으로 나선형 방법이 가장 널리 사용된다. 나선형은 중앙에서 시작하여 점차 외곽으로 나아가면서 원을 점차 키운다는 느낌으로 물을 주입하는 방법이다.

(4) 드리퍼의 선택

핸드드립 커피 추출에 있어서 드리퍼의 선택은 매우 중요한 추출 변수 중 하나이다. 드리퍼는 형태와 리브의 굵기, 수량, 위치, 추출구의 크기와 개수 등 다양한 형태를 가지고 있으며 이로 인해 제각기 다른 추출 특성을 지닌다. 같은 원두를 사용하더라도 드리퍼의 종류에 따라 맛이 달라지기 때문이다. 핸드드립은 특히 커피를 계량하고 분쇄 정도를 확인한 후 면밀히 설정된 온도의 물로 물줄기 굵기 조절과 속도 등을 조절하며 최적의 추출 기술을 추구하는 섬세한 추출방식이다. 따라서 사용할 원두의 상태와 추출할 방식에 따라 적합한 드리퍼를 선택하는 것이 매우 중요하며 이를 위해서 사용자는 각각의 드리퍼 특성을 잘 파악하고 있어야 한다.

(5) 드리퍼의 종류

구분	메리타(Melitta)	카리타(Kalita)	고노(Kono)	하리오(Hario)
형태	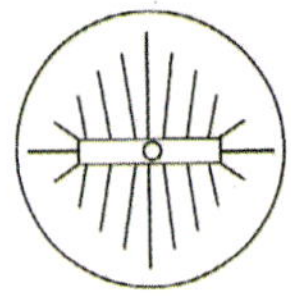	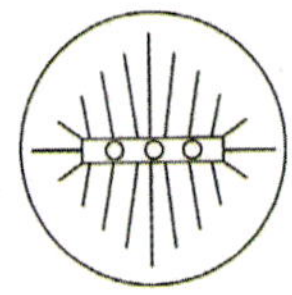	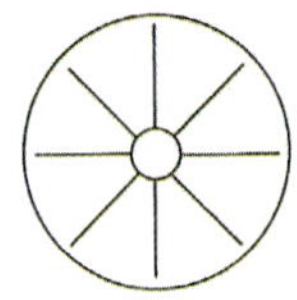	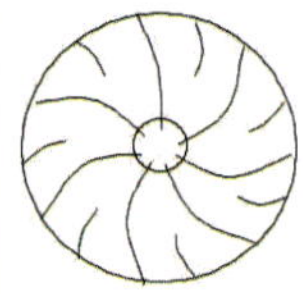
추출구 수 (크기)	1개(3mm)	3개(5mm)	1개(14mm)	1개(18mm)
리브의 특징	가늘고 높다.	촘촘하고 많다.	중간 이하 하단에만 위치	회오리 형태로 상부까지 위치
추출 속도	약간 느리다.	보통	천천히 추출되다 가 빨라짐	빠르게 추출
추구하는 향미 특성	부드러운 커피	산뜻한 신맛 가벼운 바디감 부드러운 커피	진하면서 부드러운 커피	잡미가 없고 깔끔하면서 부드러운 커피

❶ 메리타(Melita)

메리타 드리퍼는 1908년 독일의 메리타 벤츠(Melitta Bentz)부인이 발명하여 페이퍼 드립의 출발이 되었다. 가장 일반적인 것으로 알려져 있는 메리타 드리퍼는 역사다리꼴 형태를 하고 있으며 드리퍼 하부의 출구가 한 개라는 것이 특징이다. 추출구가 한 개면 추출 속도가 느려질 수 있는데 이를 보완하기 위하여 내부 바닥의 폭이 넓게 되어 있으며 단면을 가늘고 높게 만들어 공기의 유입이 원활하도록 하였다.

메리타 드리퍼의 추출 포인트는 드리퍼 안에 일정한 양의 물이 머물도록 하는 것이다. 부어 주는 물의 양과 추출되는 커피의 양이 균형을 이루어 항상 적정량의 물이 드리퍼에 남아 있도록 하면서 원하는 양이 나올 때까지 멈추지 않고 계속 물을 부어 줄 수 있다. 커피의 깊고 진한 향미까지 추출할 수 있는 장점이 있으나 추출시간이 길어지는 만큼 과다추출의 위험이 있어 추출구로 물이 순조롭게 빠지기 위한 물줄기의 속도 조절이 필요하다.

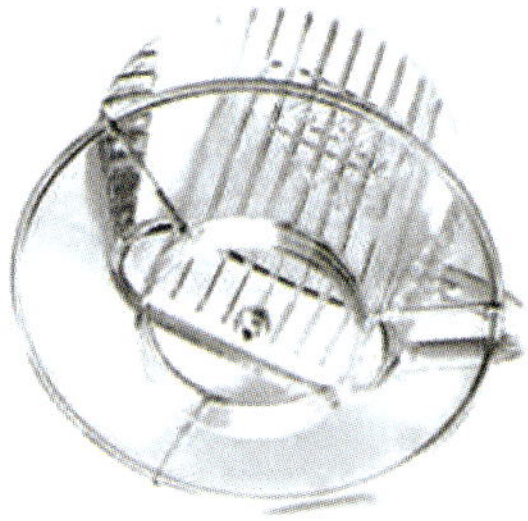

메리타 드리퍼

※ 메리타 추출방법

준비물 원두커피, 메리타 드리퍼, 서버, 필터, 계량스푼, 온도계, 타이머, 저울, 커피 그라인더, 드립 주전자, 시음잔

추출조건 로스팅 : 중볶음, 물 양 : 150ml
커피 양 : 12g, 물 온도 : 91℃, 분쇄도 : 0.5~0.7mm

가 필터를 끼운 드리퍼에 분쇄한 가루를 담아 서버 위에 올려 놓는다.

나 원두 가루의 중심부에서부터 바깥쪽으로 나선형을 그리며 물을 원두가루와 적셔질 만큼만 부어준다(뜸들이기).

다 뜸들이기를 마치면 물을 나누어 붓지 않고 주입하는 물 양과 추출되는 커피의 양이 균형을 이루어 적정량의 물이 드리퍼에 남아 있도록 지속적으로 부어준다.

라 준비한 물을 다 붓고 원하는 정도의 커피 용액이 추출될 때까지 기다린 다음 드리퍼를 분리한다.

메리타 추출

❷ 칼리타(Kalita)

칼리타 드리퍼는 일본에서 메리타 드리퍼보다 더 많이 촘촘하게 만든 것으로 추출구도 3개로 늘려 물빠짐 속도를 빠르게 개량한 드리퍼로 흐름성이 좋다. 균일한 출구가 있어서 물 빠짐이 일정하므로 맛은 가감없이 표현해 주지만, 물줄기가 불규칙할 경우에는 오히려 맛이 민감하게 변하는 특징이 있다.

칼리타 웨이브 드리퍼

칼리타 드리퍼

※ 칼리타 추출 방법

준비물 원두커피, 칼리타 드리퍼, 서버, 필터, 계량스푼, 온도계, 타이머, 저울, 커피 그라인더, 드립 주전자, 시음잔

추출조건 로스팅 : 중볶음, 물 양 : 180ml

커피 양 : 12g, 물 온도 : 91℃, 분쇄도 : 0.5~0.7mm

가 필터를 끼운 드리퍼에 원두가루를 담아 서버 위에 올려놓는다.

나 원두가루의 중심부에서부터 바깥쪽으로 나선형을 회전하며 물을 가늘고 촘촘하게 원두가루가 적셔질 만큼만 페이퍼에 직접 물이 닿지 않도록 조심스럽게 부어준다(뜸뜰이기).

다 원두가루가 충분히 적셔지면서 부풀어 오르는 것이 끝나면 1차 추출을 시작한다. 물은 중심부에서 바깥쪽으로 나선형을 그리며 붓고 다시 중심으로 돌아오며 부어준다(중심 → 외곽 → 중심). 이때 중심부는 물을 천천히 바깥쪽으로 갈수록 빨리 부어준다.

라 원두가루와 중앙 부분이 살짝 가라앉고 떨어지는 물줄기가 방울로 변하면 2차 추출을 시작한다(물의 주입량을 1차보다 늘려주면서 스윙도 빨리 돌려준다).

마 10~15초 정도 기다린 후 3차 추출을 시작한다. 커피의 농도와 양을 맞춰가는 과정으로 2차보다 굵게 해 빨리 부어준다(추출시간이 너무 길어지면 좋지 않은 맛이 추출될 수 있으므로 유의한다).

바 원하는 용액이 추출되면 드리퍼를 분리한다. 기호에 맞게 물을 희석한다.

❸ 고노(Kono)

고노 드리퍼는 추출구는 크지만 리브가 드리퍼의 하단에만 있다. 주입된 물은 드리퍼 상단에서 어느 정도 머금고 있다가 리브가 시작되는 위치에 도달해서야 밑으로 추출이 되면서 가운데로 모이는 구조다. 이런 구조적 특징으로 볼 때 고노 드리퍼는 추출 속도를 느리게 만들기 위한 구조라고 할 수 있다. 드리퍼 중심부의 밀도와 바깥쪽의 밀도의 균형을 맞추어 균일한 추출을 유도하기 위해 '점드립' 이라고 하는 드립법을 사용한다.

※고노 드리퍼 추출방법

준비물 원두커피, 고노 드리퍼, 서버, 필터, 계량스푼, 온도계, 타이머, 저울, 커피 그라인더, 드립 주전자, 시음잔

추출조건 로스팅 : 중볶음, 물 양 : 120ml
커피 양 : 12g, 물 온도 : 86℃, 분쇄도 : 0.5~0.7mm

㉮ 필터를 접어 드리퍼에 끼우고 원두가루를 담는다.

㉯ 86℃ 정도의 물을 드립주전자에 담아 중앙부터 가늘고 촘촘하게 나선형으로 회전하며 원두가루가 적셔질 만큼 부어준다(20초 정도 뜸들이기).

㉰ 1차 추출을 시작한다. 원두가루가 팽창을 멈추면 약간 굵은 물줄기로 중앙부터 나선형으로 회전하며 물을 붓는다(중심 → 외곽 → 중심).

㉱ 부푼 부분이 평평해지면 같은 방법으로 2차 추출을 시작한다(1차 추출보다 물을 조금 더 굵고 빠르게 부어준다).

㉲ 2차 추출보다 굵은 물줄기로 3차 추출을 한다.

㉳ 원하는 용액의 양이 추출되면 드리퍼를 서버에서 분리하고 농도에 맞게 물을 희석한다.

❹ 하리오(Hario)

하리오 드리퍼의 특징은 원추용 구조로 추출구가 매우 크고 리브가 회오리 모양이다. 드리퍼 상부부터 리브가 만들어져 있어 전체적인 물빠짐 속도가 매우 빠르다. 하리오 드리퍼는 추출 속도에 따라 맛이 좌우되는데 빠르게 추출할 경우 연하고 부드러우며 산뜻하고 풍부한 향과 깔끔한 후미를 가진다. 하리오 드리퍼로 진한 커피를 추출하고자 한다면 추출 변수 가운데 커피양을 늘리거나 분쇄 커피의 굵기를 가늘게 조절하여 추출 속도를 떨어뜨려 추출한다.

※ 하리오 추출방법

추출조건 로스팅 : 중볶음, 물 양 : 160ml
커피 양 : 15g, 물 온도 : 91℃, 분쇄도 : 0.5~0.7mm

㉮ 원두를 담은 드리퍼를 평평하게 만들고 91℃ 정도의 물을 드립주전자에 담아 나선형으로 회전하며 천천히 부어 뜸을 들인다.

㉯ 뜸 들인 원두가 중앙에서 바깥쪽으로 나선형을 그리며 1차 추출을 한다.

㉰ 10~15초 간격으로 2차, 3차 반복 추출을 하여 물의 양을 늘려준다.

㉱ 원하는 양만큼 추출이 되면 드리퍼를 서버에서 분리하고 농도에 맞게 희석한다.

2) 에스프레소 머신

(1) 에스프레소의 탄생

증기압을 이용한 커피 기계가 산타이스(Édourard Loysel de Santais)에 의해 개발되어 1855년 파리 만국 박람회에 선을 보이게 된다. 1901년 이탈리아 밀라노의 루이기 베제라(Luigi Bezzera)는 증기압을 이용하여 커피를 추출하는 에스프레소 머신의 특허를 출원하였다. 1946년 가지아(Achille Gaggia)는 스프링 방식으로 훨씬 강력한 압력으로 커피를 상업적인 피스톤 방식의 머신을 생산하게 되며 9기압 이상의 압력에서 추출된 커피에서 뜻하지 않게 '크레마(crema)' 라 불리는 거품이 생성된 커피를 만들게 된다.

1960년 발렌테(Ernesto Valente)에 의해 유명한 Faema E61이 탄생하게 된다. 이 머신 전동펌프에 의해 뜨거운 물을 커피로 보내는 것을 가능하게 하였으며 열교환기(Heat exchange)를 채택하여 에스프레소 머신의 크기가 더욱 작아지는 계기가 되었다.

버튼을 통해 추출 시간을 조절할 수 있는 방식을 거쳐 버튼 하나만 누르면 커피가 분쇄되고 우유 거품이 만들어지는 완전 자동 방식의 'Acrto 990' 이 만들어진다.

(2) 머신의 종류

❶ 수동식 머신(Manual espresso machine)

사람의 힘에 의해 피스톤을 작동하여 추출하는 방식

❷ 반자동 머신(Semi-automatic espresso machine)

별도의 그라인더를 통해 분쇄를 한 후 탬핑을 하여 추출하는 방식으로 추출 버튼이 on-off로만 되어 있고 플로우 미터(Flow meter)가 없는 방식

❸ 자동 머신(Automatic espresso machine)

탬핑 작업을 하여 추출을 하나 메모리칩이 장착되어 있어 물 양을 자동으로 세팅할 수 있는 방식

❹ 완전자동 머신(Super / Fully automatic espresso machine)

그라인더가 내장되어 있어 별도의 탬핑 작업 없이 메뉴버튼의 작동만으로 추출하는 머신 방식

로켓 반자동 1그룹 헤드

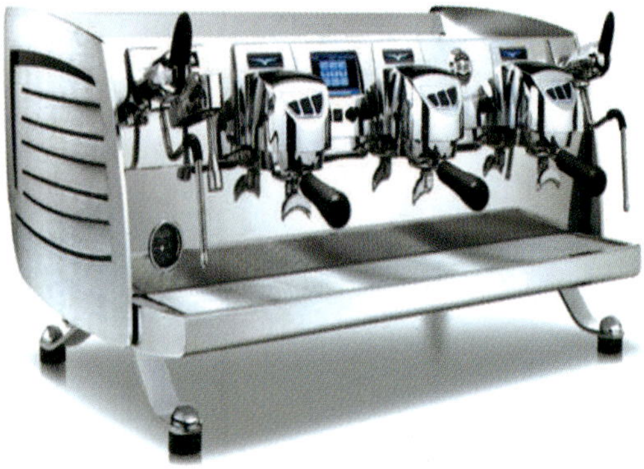

에스프레소 머신 3그룹 헤드

(3) 에스프레소 머신의 부품과 기능

❶ 그룹헤드(Group head)

그룹헤드는 포터필터를 장착하는 장치로 에스프레소 추출을 위해 물이 공급되는 부분으로 샤워필터를 통해 뜨거운 물이 분사되는 곳을 말한다.

분쇄된 가루 상태의 커피 찌꺼기들이 엉겨 붙지 않도록 청결상태 유지가 필요하다. 이 필터를 주기적으로 관리하지 않으면 오염되는 부분으로 양질의 에스프레소를 얻기가 힘들다. 그러므로 수시로 청소하고 관리해야 한다.

❷ 포터필터(Portafilter)

분쇄한 커피를 담아 그룹헤드에 장착시켜 에스프레소를 추출하는 기구를 말하며 필터홀더와 필터고정 스프링, 필터, 추출구 등으로 구성되어 있고 항상 그룹헤드에 장착하여 예열을 해주어야 한다. 필터홀더는 필터를 고정시키는 부분으로 온도유지를 위해 동으로 제작되어 있다.

❸ 보일러(Boiler)

보일러는 물을 데워 온수와 스팀을 공급하는 중요한 역할을 한다. 열선이 내장되어 있어 전기로 물을 가열하게 된다. 본체는 동 재질로 되어 있으며 내부는 부식을 방지하기 위해 니켈로 도금이 되어 있다. 보일러의 압력은 0.8~1.2 bar를 유지해야 한다.

❹ 개스킷(Gasket)

추출 시 고온 고압의 물이 새지 않도록 차단하는 역할을 하며 패킹(Packing)이라고도 한다. 개스킷의 수명은 6개월에서 1년 정도이다.

❺ 샤워 홀더(Shower holder, Diffuser)

그룹헤드 본체에서 한 줄기로 나온 물이 홀더를 지나면서 4~6개의 물줄기로 갈라져 필터 전체에 골고루 압력이 걸리도록 해준다.

❻ 샤워 스크린(Shower/Dispersion screen)

샤워 홀더를 통과한 물을 미세한 수많은 줄기로 분사시키는 역할을 해준다. 오래 사용하면 구멍이 커지게 되므로 1년 정도 사용하면 교환해 주어야 한다.

❼ 펌프모터

압력을 7~9bar까지 상승시켜 주는 역할을 한다. 펌프모터에 이상이 생기게 되면 커피를 추출할 때 물 공급이 제대로 되지 않아 심한 소음이 나게 되며 또한 압력이 올라가지 않게 된다.

❽ 압력게이지

압력게이지는 보통 두 가지의 압력을 나타낸다. 하나는 수압과 펌프의 압력으로 대략 7~10기압을 나타내고, 또 하나는 보통 1bar 보일러 압력을 표시한다. 압력게이지를 통해 보일러의 압력이 높고 낮음을 모니터하는 것은 매우 중요하다.

⑨ 솔레노이드 밸브(Solenoid valve)

솔레노이드 밸브는 에스프레소 머신의 물의 흐름을 통제하는 부품으로 보일러에 유입되는 찬물과 보일러에서 데워진 온수의 추출을 조절하는 역할을 한다. 그리고 그룹헤드에 부착된 3극 솔레노이드 밸브는 커피 추출에 사용되는 물의 흐름을 통제한다.

⑩ 플로우 미터(Flower meter)

플로우 미터는 커피 추출 물 양을 감지해주는 부품으로 자석의 회전수를 감지하여 신호를 전달해준다. 이 부품이 고장이 나면 커피 추출 물 양이 제대로 조절되지 않게 된다.

(4) 에스프레소 그라인더

그라인더 날은 그라인더에서 가장 중요한 부분으로 두 개가 한 쌍으로 되어 있다. 플랫형은 커팅 방식 구조로 커피 입자를 보다 작게 분쇄할 수 있으나 열 발생이 많아 그라인더 날의 주기가 그만큼 짧아진다. 분쇄 시 열이 많이 발생하므로 사용시간의 2배 이상의 휴식 시간을 가져야 한다. 사용량이 많을수록 그라인더 날은 크기가 커져야 하고 원두를 400~500kg 정도 분쇄하면 날이 무뎌지므로 교환해 주어야 한다.

(5) 에스프레소 분쇄

에스프레소 추출을 위한 커피의 분쇄는 다른 추출방법과 달리 분쇄입도가 매우 가늘어야 하며(0.3mm) 일반적으로 '밀가루보다 굵게 설탕보다 가늘게'라는 표현을 많이 사용한다. 분쇄 크기와 분쇄품질은 커피 맛에 직접적인 영향을 주므로 성능이 안정적인 그라인더를 사용해야 한다. 에스프레소 커피는 입자의 표면적이 홀빈(Whole bean)에 비해 30배 이상이 되어 쉽게 산패되므로 추출 시 분쇄를 해야 한다.

(6) 머신 점검 사항

에스프레소 머신의 작동 상태를 수시, 매일 혹은 주간이나 월간 단위로 각 해당사항을 체크하여 이상이 있을 때는 즉시 조치를 취해 주어야 한다.

구분		내용
일일 점검 사항	오픈 시	• 보일러 압력 상태 확인 • 물의 온도 체크 • 스팀 분출 상태 확인 • 추출 압력 확인 • 그라인더 입자 점검
	수시	스팀 노즐, 머신 외부 청소
	마감 시	샤워 스크린, 샤워 홀더, 필터홀더 물 세척
주간 점검 사항		• 샤워 스크린, 샤워 홀더, 필터홀더 세제로 세척 • 그라인더 청소
월간 점검 사항		필터, 개스킷 마모 상태 확인

3) 에스프레소 추출

(1) 에스프레소의 추출 요소

에스프레소의 정의와 관련된 세 가지 중요한 특징은 다음과 같다. 첫째, 즉석 추출(On the spur of the moment)인데 에스프레소는 추출하면 빨리 변하므로 주문을 받고 서빙하기 바로 직전에 추출해야 한다. 둘째, 신속한 추출(In a short time)인데 이는 추출은 가급적 빨리 이루어져야 한다는 뜻이다. 셋째, 가압 추출(Under pressure)로 물리적인 힘이 가해져 추출된다는 의미이다.

(2) 에스프레소 추출의 특징

필터에 담긴 커피 케이크(Coffee cake)에 고압의 물이 통과하면서 향미성분을 용해시키며, 분쇄입도와 압축 정도에 따라 공극률(Porosity)이 변하고 추출 속도가 조절된다. 다른 추출방법과 달리 미세한 섬유소와 불용성 커피오일(Insoluble coffee oil)이 유화상태(Emulsification)로 함께 추출된다. 또한 추출시간이 짧아서 커피입자로부터 확산(Diffusion)에 의한 용액으로의 이동보다 주로 미세한 입자표면에 노출된 가용성 물질을 용해, 이동시킨다.

(3) 에스프레소잔(Demitasse)

에스프레소를 마시는 잔을 데미타세(Demitasse)라고 하며 용량은 60~70 ml(약 2oz) 정도로 용량이 일반 컵의 반 정도라는 의미이다. 재질은 도기이고 일반 컵에 비해 두꺼워 커피가 빨리 식지 않도록 하였으며 안쪽은 둥근 U자 형태로 에스프레소를 직접 받을 때 튀어나가지 않도록 설계되어 있다. 외부 컬러는 다양하나 안쪽 색깔은 일반적으로 백색이다.

(4) 에스프레소 추출 과정

❶ **잔 점검** 사용할 수 있는지 확인한다. 잔이 차가우면 크레마가 경화되어 검게 변하기 때문에 잔이 뜨거운지 확인한다.

❷ **포터필터 뽑기** 몸쪽에서 왼쪽으로 45° 정도 돌리면 그룹헤드에 포터필터가 분리된다. 이때 필터홀더의 무게가 600g 정도로 무겁기 때문에 떨어지지 않도록 주의한다.

❸ **물 흘려 버리기** 과열된 물을 흘려버리고 그룹헤드 부위에 묻어 있는 찌꺼기를 청소하기 위해서 하는 동작으로 2~3초 정도면 충분하다. 물 흘려 버리기는 커피를 받기 전이나 커피를 담고 다시 그룹헤드에 장착하기 전에 하여도 무방하다.

❹ **필터바스켓 닦기** 물기나 찌꺼기의 유무에 관계없이 습관적으로 마른 행주를 이용해 닦는다. 두껍게 잡으면 코너가 닦이지 않으므로 얇게 잡고 닦는다. 찌꺼기가 주위에 떨어지지 않도록 반드시 넉박스(knock box) 위에서 닦는다.

❺ **그라인더 작동** 그라인더 거치대에 필더홀더를 올리면서 그라인더를 작동시킨다.

❻ **커피 파우더(분쇄 커피) 담기** 레버를 규칙적으로 당겨 바스켓에 커피 파우더가 담기게 한다. 이때 한쪽으로 치우치지 않도록 포터필터를 회전시키면서 고르게 담는다. 레버는 끝에서 끝까지 당겨야 격자가 작동된다.

❼ **태핑(Tapping)** 포터필터에 평평하게 파우더가 담기도록 탬퍼의 뒷면이나 또는 손으로 툭툭 친다. 바스켓의 가장자리와 파우더 높이가 같으면 양이 맞는 것이다. 버려지는 파우더는 넉 박스이든 도징 체임버(Dosing chamber, Doser)이든 상관없다.

❽ **탬핑(Tamping)** 스파웃에 이물질이 묻지 않도록 한다. 3kg 정도의 압력으로 1차 탬핑을 한다. 탬퍼가 수평이 되도록 노력한다. 13~15kg 압력으로 2차 탬핑을 한다. 균형 잡힌 자세가 되도록 한다.

❾ **가장자리 털어내기** 개스킷과 접촉하는 면을 손으로 쓸어서 청소한다. 넉 박스 위에서 청소한다. 입으로 불지 않는다. 수평 여부를 확인한다.

❿ **그룹에 장착하기** 45°에서 몸 쪽으로 90°가 되도록 돌린다. 장착 시 헤드 주변과 충돌이 되지 않도록 한다. 너무 약하거나 힘껏 돌리지 않는다. 한 손으로 장착하는 것이 더 쉽다. 뒤쪽을 접촉시킨 후 앞쪽을 밀어 올리면 쉽다.

⓫ **버튼 누르기** 고열에 파우더가 노출되지 않도록 버튼을 누른다. 잔을 내린다. 잔의 가장자리에 커피가 비스듬하게 떨어지도록 한다. 낙차가 크지 않고 잔 바닥에 충격이 가지 않도록 해야 아로마가 보존된다. 커피머신에 따라 버튼보다 잔을 먼저내리는 경우도 있다.

⓬ **포터필터 뽑기** 커피 서빙이 끝난 후 첫 동작과 같게 뽑는다. 떨어뜨리지 않도록 주의한다. 바스켓 내부의 쿠키 상태를 점검한다. 물이 흥건하거나 홀(Hole)이 생겼다면 투입량이 적거나 고르기가 잘못된 경우이다.

⓭ **물 흘려버리기** 물 흘려버리기를 통해 스크린 등에 묻어 있을 수 있는 찌꺼기를 제거한다. 공기와 접촉하면서 쉽게 경화되고 마르게 되어 다음 커피에 영향을 줄 수 있다.

⑭ **쿠키(케이크) 버리기** 주변으로 커피물이 떨어지지 않도록 하면서 넉 박스에 "쿵"하고 부딪혀 털어낸다. 쿠키가 갈라지거나 물이 튀면 투입이나 고르기가 잘못된 경우일 수 있다.

⑮ **필터홀더 닦기** 필터홀더 내 · 외부에 찌꺼기를 리넨(Linen)을 얇게 잡고 닦아 낸다. 심하게 오염된 경우에는 물 흘려버리기와 같은 방법으로 씻어 내어도 좋다. 가능한 물이 많이 묻지 않게 하는 것이 좋다.

⑯ **필터홀더 채워두기** ❿번 동작과 같게 필터홀더를 채워둔다. 필터홀더는 항상 그룹헤드에 장착시켜두어야 온도가 유지되면서 다음 커피추출에 좋은 영향을 준다. 강하게 장착하면 팽창력 때문에 다음 ❷번 동작이 부자연스러워질 수 있다.

(5) 크레마(Crema)

크레마는 영어로 말하면 크림(Cream)이다. 크레마는 붉은 빛 감도는 부드러운 갈색 거품형태로 두툼하게 잔에 담기게 된다. 얇은 막에 갇혀 있는 작은 공기방울로 이루어진 크레마는 커피의 독특한 맛(Flavor)과 향(Aroma)을 품고 있고 그리고 열(Heat) 또한 잡아 놓는다. 크레마가 형성되는 원리는 물이 매우 높은 압력에 의해 커피 가루를 통과하게 되고 이때 향을 담당하는 용해성 물질의 대부분과 기름이나 콜로이드 같이 비용해성 물질까지도 빨아들이게 된다. 높은 압력의 작용에 의해 콜로이드와 기름은 유화되어 미세한 방울로 분해되어 에스프레소의 농도와 향을 가중시킨다. 추출할 때 순간적으로 커피를 불리고(Infusion), 압력(Pressure)으로 밀어내며 생기는 황금색이나 갈색의 크림을 말하는 것으로 크림 입자들은 쉽게 침전되지 않고 커피 위에 떠있는 상태라 할 수 있다.

(6) 추출 결과

에스프레소는 짧은 시간에 추출되므로 분쇄도, 탬핑 강도, 커피 양, 물의 온도 등의 추출 요소에 의해 아주 민감한 결과를 가져오는데 커피 성분이 너무 적게 추출되거나 그 반대로 커피 성분이 너무 많이 나오게 되면 커피가 너무 싱겁거나 탁한 맛이 나므로 항상 추출이 적정 범위 안에서 이루어지도록 해야 한다.

과소추출과 과다추출의 비교

구분	과소추출(under extraction)	과다추출(over extraction)
입자의 크기	분쇄입자가 너무 굵다.	분쇄입자가 너무 가늘다.
탬핑 강도	기준보다 약하게 됨	기준보다 강하게 됨
커피 사용량	기준보다 적은 커피를 사용	기준 양보다 많은 커피를 사용
물의 온도	기준보다 낮은 경우	기준보다 높은 경우
추출 압력	9bar보다 높은 경우	9bar보다 낮은 경우
추출 시간	20초 이하	30초 이상
커피신선도	신선할수록	오래될수록
습도	낮을수록	높을수록
그라인더	가끔 사용	연속 사용
바스켓 필터	구멍이 너무 큰 경우	구멍이 막힌 경우
특성	• 연한색의 커피가 물처럼 빨리 추출된다. • 크레마의 색상이 연하며 두께가 얇고 빠르게 사라진다. • 너무 약한 커피 맛과 향	• 짙은 색의 커피가 조금씩 추출된다. • 크레마의 색상이 너무 진하여 검은 색을 띤다. • 강하고 쓴맛, 향이 적으며 나무 맛이 난다.

정상추출　　과소추출(under extraction)　　과다추출(over extraction)

(7) 우유 거품 만들기(Milk frothing)

우유 거품이 곱게 만들어져야 카푸치노 등을 마실 때 입에 느껴지는 감촉이 좋으며 쉽게 거품이 사라지지 않게 되며 이런 우유 거품을 벨벳 밀크(velvet milk)라고 한다. 이때 사용되는 우유는 저지방 우유나 무지방 우유보다 일반 우유 즉 무조정 우유가 거품내기에 좋으며 사용되는 우유는 냉장고(5~8℃)에 차갑게 보관을 하며 스팀피처도 차가운 것을 사용하는 것이 좋다.

저지방 우유(Low Fat)	약 1%의 유지방이 들어있다.
무지방 우유(Non Fat)	0.5%보다 적은 유지방이 들어있다.

❶ 스팀피처(Steam pitcher)

스팀피처(Steam pitcher, Milk frothing pitcher)는 우유 거품을 만들거나 우유를 데워줄 때 필요한 도구로 스테인리스 재질을 사용하는데 이는 스테인리스가 열전도율이 좋아 열을 빨리 흡수하여 우유의 온도가 상승하는 속도를 늦춰주기 때문이다.

❷ 우유 거품 만들기

구분		내용
1	스팀 빼주기	젖은 행주로 감싼 상태에서 스팀을 2~3초 개방하여 준다.
2	스팀피처에 우유 담기 /스팀 밸브 열기	스팀피처의 약 40% 정도 우유를 담아준다.
3	공기주입	스팀 밸브를 연 후에 스팀피처를 서서히 아래로 내리면 스팀 노즐 팁이 노출되면서 주변의 공기를 끌고 들어가면서 거품이 생성된다.
4	혼합	공기 흡입을 위해 내렸던 피처를 다시 조금 올려주면서 회전을 시켜준다.

	구분	내용
5	스팀 노즐 청소	사용 후 빨리 노즐을 닦아주지 않으면 열에 의해 우유 찌꺼기가 굳게 되어 비위생적이고 노즐이 막힐 수 있으므로 젖은 행주로 빨리 닦아주어야 한다.
6	잔여 거품 없애기	스티밍 이후에 표면에 남아 있는 거품을 없애주기 위해 작업대에서 스팀피처를 2~3회 내리쳐주고 다시 스팀피처를 회전시켜준다.
7	잔에 부어주기	우유거품을 적은 양으로 시작하여 피처를 약간 높여준 후에 잔에 내용물이 반 정도 찰 때까지 부어준다. 잔에 반 이상이 차면 피처의 위치를 아래로 내려 잔의 가운데서 양을 늘리며 부어준다.

스팀밸브 열기

공기주입

거품을 생성시킨 후 혼합

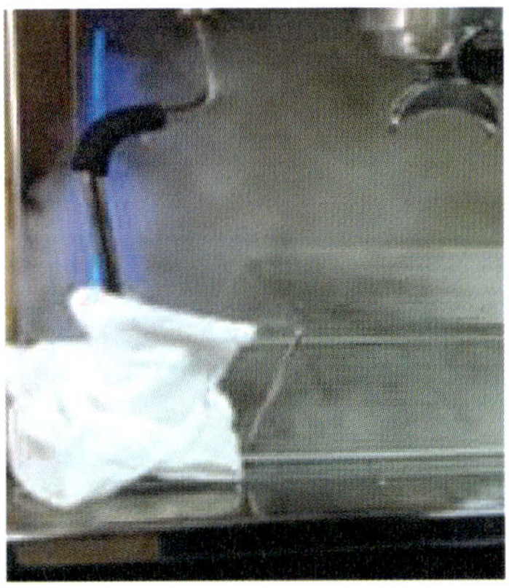

스팀노즐 청소

피처를 약간 들고 컵의 중앙에서 약간 앞 쪽에 붓는다.

컵의 3/2 정도 차면 위치를 아래로 잔의 중앙으로 밀어준다.

밀어주는 느낌으로 끝내도록 한다.

카푸치노 완성

4) 사이펀(Siphon, Syphon)

사이펀은 1840년경 스코틀랜드의 로버트 네이피어(Robert Napier)가 사이폰의 원형인 진공식 추출 기구를 개발하였다. 이 기구는 플라스크를 가열하여 발생하는 증기압에 의해 뜨거운 물이 가는 연결 관을 통해 커피가루를 담은 용기로 이동하여 커피가루와 섞인 후 추출된 액이 불을 끄면 관을 통해 다시 플라스크 쪽으로 돌아오는 원리이다.

그 후 1841년 프랑스의 바슈(M.Vassieuv)부인에 의해 오늘날의 사이펀과 같이 두 개의 유리로 된 구를 상하로 연결한 기구(french baloon)가 만들어졌다고 한다.

이런 진공식 추출 기구는 Vacuum coffee pot(maker), Vac pot, Vacuum brewer, Siphon coffee maker 등 명칭이 다양한데 사이펀(syphon)이라는 명칭은 1924년 일본인 고노에 의해 상품화에 성공하여 '사이펀' 이라고 상품명을 붙인데서 유래한다. 특히 사이폰은 추출 커피의 향이 좋고 연출 효과가 뛰어나며 산뜻하고 깨끗한 맛을 표현할 수 있다.

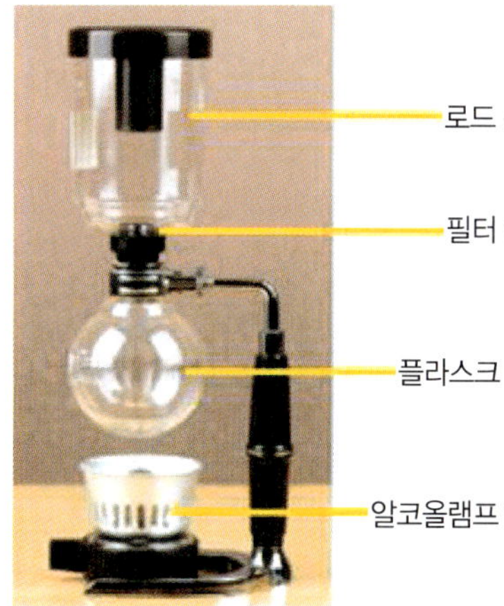

사용되는 열원은 가정용으로 쓰이는 알코올램프와 전기식이 있으며 업소용인 할로겐 램프와 가스 등이 있다.

(1) 추출 방법

1. 로드에 필터를 넣고, 필터에 달려 있는 체인을 당긴 다음 클립을 로드 끝에 끼운다.
2. 스틱을 이용해서 필터의 위치를 제대로 잡아준다.
3. 플라스크에 뜨거운 물을 채운다.
4. 분쇄한 원두를 로드에 담고 평평하게 흔들어준 뒤 로드를 플라스크에 장착한다.
5. 알코올램프(또는 가스램프, 할로겐램프)에 불을 붙인 후 플라스크 아래에 놓는다.
6. 물이 전부 올라오면 스틱을 이용해 3~4번 정도 빠르게 섞는다.
7. 1분 30초 정도 기다린 후 다시 5~6회 정도 천천히 섞어준 뒤 알코올램프를 제거한다.
8. 로드의 커피가 플라스크로 내려가면, 분리한 후 잔에 따라 시음한다.

5) 모카 포트(Moka pot)

모카포트(Moka pot)

1933년 알폰소 비알레띠(Alfonso Bialetti)에 의해 탄생하였으며 가정에서 손쉽게 에스프레소를 즐길 수 있는 추출 기구로써 불에 직접 올려놓고 가열하는 직화식(直火式)으로 스토브탑(Stove Top)이라고도 부른다. 모카포트(Moka pot, 이탈리아어로는 Moka)는 에스프레소 주전자라고 불리는 에스프레소 커피를 추출하는 도구이다.

1933년 이탈리아에서 알루미늄 공장을 운영하던 알폰소 비알레띠(Alfonso bialetti)에 의해 고안되었으며, 비알레띠 사의 대표적인 모카포트인 모카 익스프레스(Moka express)에서 유래되었다. 영어권에서는 그냥 '모카 익스프레스' 라 부르기도 한다. 사용법이 간단하고 가격이 저렴하여 가정에서 손쉽게 즐길 수 있는 도구로 불에 직접 올려 놓고 가열하는 직화식이므로 이탈리아에서는 '스토브탑' 이라고도 불린다.

브리카(Brikka)

기존 모카포트는 추출 압력이 낮아 크레마 형성이 원활하지 않은데, 최근에는 이를 보안하여 출구에 압력 밸브를 달아 크레마 형성이 용이한 브리카(Brikka) 제품이 많이 사용되는 편이다.

모카포트는 필터바스켓에 커피를 가득 채워 사용해야 정상적인 추출이 이루어지므로 평소 즐기는 양에 맞는 사이즈를 구입하는 것이 좋다. 처음 사용할 때는 여러 번 세척을 한 후에 사용하는 것이 좋다. 대부분 알루미늄이나 스테인리스로 만드는데, 알루미늄 제품은 대체로 가격이 저렴하고 무게가 가벼우며 열전도율이 높아서 추출 속도가 빠른 것이 장점이다. 하지만 쉽게 녹이 생기는 문제가 있어서 보관할 때는 습기에 유의해야 오랫동안 사용할 수 있다. 스테인리스 제품은 형태가 변형될 우려가 적기 때문에 반영구적으로 사용할 수 있으며 관리가 수월하다.

(1) 추출 방법

❶ 하단 포트 압력 밸브 아래로 물의 양을 조절하여 채운다.

❷ 분쇄 커피를 바스켓 필터에 채운다.

❸ 바스켓 필터를 하단 포트에 장착한다.

❹ 상단 포트와 하단 포트를 결합한다.

❺ 가스버너에 삼발이를 올려 놓고 열을 가한다.

❻ 에스프레소가 추출되는 것을 기다린다.

❼ 상단 포트에 활발하게 추출되고 추출이 약해지면 불을 끈다.

❽ 에스프레소를 잔에 따라 맛본다.

❾ 모카포트가 뜨거우므로 주의해서 찬물로 충분히 식힌 후 분리한다.

❿ 마른 수건으로 충분히 물기를 제거한 뒤 보관한다.

6) 프렌치프레스(French press)

1850년대 프랑스에서 처음 금속 재질로 만들었으며 1930년 칼리마니(Attilio Calimani)라는 이탈리아인이 유리와 금속 재질을 이용한 현재 모습의 프렌치프레스를 만들게 되었다.

커피 플런저(coffee plunger), 플런저 포트(plunger pot)로도 불린다. 커피 플레이버 성분과 에센셜 오일(essential oil) 성분이 컵 안에 남게 되어 바디가 강한 커피를 추출할 수 있으며 물과의 접촉 시간이 길어 풀 시티 정도의 원두를 굵게 분쇄하여 사용해야 한다. 또한 많은 커피성분이 컵 안에 남게 되어 Body가 강한 커피를 추출할 수 있다.

(1) 추출 방법

❶ 원두를 굵게 분쇄하여 용기 속에 넣는다.

❷ 뜨거운 물을 거칠게 붓는다.

❸ 물을 부은 후 잘 저어준다.

❹ 뚜껑을 닫고 3분 정도 기다린다.

❺ 필터를 천천히 내려서 커피를 추출한다.

❻ 찌꺼기를 고려하여 조금 남겨 놓고 커피 잔에 따른다.

7) 워터 드립(Water drip)

더치커피(Dutch coffee)라고도 하며 찬물로 장시간 추출(4~12시간)하는 방식으로 원두의 분쇄도와 물이 맛에 중요한 작용을 한다. 콜드워터브루어는 뜨거운 물이 아닌 찬물 또는 상온의 물을 이용하여를 이용하여 장시간에 걸쳐 우려낸 커피를 가르킨다.

더치커피라는 명칭은 네덜란드풍(Dutch)에 커피라 하여 붙여진 일본식 명칭이고, 영어로는 '차가운 물에 우려 낸다' 는 뜻으로 콜드부르(Cold brew)라고 하며 카페인이 비교적 적다.

유래에 대해서는 네덜란드령 인도네시아 식민지에서 커피를 유럽으로 운반하던 선원들이 장기간의 항해 도중에 커피를 마시기 위하여 고안한 여러가지 방법 가운데 하나라고도 하고, 인도네시아에 살던 네덜란드 사람들이 인도네시아산 커피의 쓴맛을 없애기 위하여 고안한 방법이라고도 한다.

제조 방식은 전용 기구에 분쇄한 원두를 넣고 찬물 또는 상온에 물에 짧게는 3~4시간, 길게는 8~12시간 정도 우려내 커피 원액을 추출한다.

추출하는 방식에 따라 점적식과 침출식으로 구분한다. 점적식은 용기에서 우려낸 커피가 한 방울씩 떨어지게 하는 방식으로, 이 때문에 더치커피를 '커피의 눈물' 이라 부르기도 한다.

침출식은 용기에 분쇄한 원두와 물을 넣고 10~12시간 정도 실온에서 숙성시킨뒤 찌꺼기를 걸러내 원액을 추출하는 방식이다.

오랜 시간에 걸쳐 추출하기 때문에 뜨거운 물로 짧은 시간에 추출한 일반 커피에 비하여 쓴맛이 덜하며 순하고 부드러운 풍미를 느낄 수 있는데, 원두의 분쇄 정도와 물의 맛, 추출 시간이 중요한 작용을 한다. 추출된 커피 원액은 밀봉해서 냉장 보관하는데 하루 이틀 정도 저온 숙성하면 풍미가 더 살아난다. 원액을 그대로 마시는 것보다는 입맛에 따라 우유나 시럽 또는 물을 타서 희석하거나 얼음을 넣어 마시는 것이 일반적이다.

8) 터키식 커피(Ibrik)

가장 오래된 추출 기구로 여과를 하지 않으므로 커피입자를 에스프레소보다 더 가늘게 분쇄한다. 다양한 기구가 개발되기 이전부터 사용해왔던 터키식 커피 포트의 명칭은 그리스에서는 '이브릭' 이라 부르고 터키와 아랍에서는 '체즈베' 라고 불린다.

체즈베는 터키에서 이스탄불에 커피하우스가 생겼던 1554~1555년경부터 사용되기 시작했다. 또 한 두가지 명칭을 정확히 구분하자면 주전자 따르는 입구가 길고 뚜껑이 있는 것을 '이브릭' 이라 부르고 주전자 따르는 입구가 짧고 뚜껑이 없는 것을 '체즈베(Cezve)' 라고 한다.

커피를 거르지 않고 물과 함께 끓인 후 마시므로 강한 바디감을 느낄 수 있으나 입안에 많은 찌꺼기가 남게 된다. 그러므로 터키식 커피는 에스프레소용 굵기보다 더 곱게 분쇄해서 사용해야 한다. 커피를 마시고 난 다음 컵받침에 커피잔을 올려 놓고 기다린 후 생기는 모양을 보고 커피 점을 치기도 한다.

(1) 추출 방법

❶ 체즈베에 분쇄한 커피와 물을 넣는다.

❷ 가스버너에 불을 켜고 끓여준다.

❸ 약한 불에 끓이다가 교반 스틱으로 저어주면서 거품이 끓어 오르면 불에서 내린다. 이 과정을 3회 가량 반복한다.

❹ 달여진 커피가 가라앉을 때까지 조금 기다렸다가 예열된 잔에 따라 마신다.

9) 융(Flannel) 추출

융 추출은 커피의 불용성분이 잘 추출되고 팽창이 원활해 바디(Body)를 강하게 느낄 수 있고 뒷맛이 상당히 부드럽게 느껴지는 장점을 가지고 있다. 융 필터는 필터는 끓는 물에 10분간 삶아 갈색 물이 약간 우러나오게 한 다음 사용한다. 보관할 때는 항상 깨끗한 물에 담가 냉장 보관한다.

(1) 추출 방법

❶ 사용하기 전에 마른 수건으로 물기를 제거한다.

❷ 뜸을 줄 때 중심부에서 충분히 주입한다.

❸ 커피가 진하게 떨어져야 한다.

❹ 물줄기를 가늘게 1차 추출을 한다. 융에 직접 물이 닿지 않도록 주의한다.

❺ 표면의 거품이 꺼지기 전에 2, 3차 추출을 한다.

3 커피의 산패와 보관

1) 산패의 요인

커피는 로스팅을 하게 되면 시간이 지남에 따라 향기가 소실되고 더 나아가 맛이 변질되는데 증발(evaporation) → 반응(reaction) → 산화(oxidation)의 3단계의 과정을 거치게 된다.

요인	산패진행
산소	포장 내 소량의 산소만 존재해도 완전 산화된다.
수분	상대습도가 100%일 때 3~4일, 50%일 때 7~8일, 0%일 때 3~4주부터 산패가 진행된다.
온도	온도 10℃ 상승 시마다 2.3배 향기 성분이 빨리 소실된다.
배전도	강배전일수록 함수율이 낮으며 오일이 베어 나와 있고 더 다공질 상태가 되어 산패가 약배전에 비해 빨리 진행된다.
분쇄입도	분쇄상태의 커피는 통 커피보다 5배 빨리 산패가 진행된다.

(1) 산소

원두에서 발생하는 탄산가스는 지속적으로 향기 물질과 같이 외부로 방출되는데 더 이상 탄산가스가 방출되지 않게 되면 이때부터 외부와 산소가 커피 조직 내부로 침투하여 커피를 산화시키게 된다. 따라서 포장 내부에 아주 적은 양의 산소만 존재해도 커피는 쉽게 변질된다.

(2) 수분

커피를 로스팅하면 커피 조직이 다공질로 바뀌어 외부의 습기를 잘 흡수하게 된다. 따라서 습도가 높을수록 커피는 쉽게 변질되며 상대 습도가 0%라고 해도 로스팅 후 3~4주부터는 산패가 진행된다.

(3) 온도

커피의 보관 온도가 10℃ 상승할수록 커피의 변질 속도는 2.3배 빨라진다.

(4) 로스팅 정도(Roast degree)

커피를 강하게 로스팅할수록 조직은 더욱 다공질이 되므로 공기와 접촉하는 표면적이 넓어지게 된다. 또한 다크로스트(Dark roast)가 되면 세포벽의 파괴로 탄산가스의 방출이 빠르게 되고 커피에 배어 나온 오일이 급격히 산화가 되므로 라이트 로스트된 커피에 비해 산패가 더욱더 가속화된다.

2) 커피의 보관방법 및 포장

(1) 실온보관

강한 햇빛에 노출되어 있는 것은 좋지 않고 고온다습한 환경은 피한다. 생두 상태로 커피를 보관할 때는 여름 장마철같이 고온 다습한 곳은 피하고 너무 건조한 곳도 좋지 않다. 처음 구입 시 금방 볶은 신선한 원두를 100g~200g 정도의 최소 분량을 구입하여 실온에서 보관하여 2일 후부터 2주일 내에 소비하도록 한다.

(2) 냉장 보관

한 달 이상 보관이 필요한 원두는 냉장고에 보관하되 밀봉하지 않으면 냉장고 안의 다른 냄새와 습기를 흡수하여 더운 나쁜 결과를 초래할 수 있다. 냉장했던 커피는 개봉하는 순간 급속하게 공기와 습기를 흡수하므로 한 번에 모두 사용하지 않을 경우 다시 밀봉한다 해도 좋지 않다.

(3) 냉동 보관

원두를 냉동 보관하면 햇빛, 온도로부터 커피를 보관할 수 있지만, 습기는 산소를 차단할 수 없다. 냉동 중에는 변질되지 않겠지만 사용 시 해동되는 과정에서 그 신선도는 급격히 저하될 수 있다.

장기보관이 필요할 때 원두상태의 커피를 1인분씩 계량하여 습기에 강한 재질로 진공포장 후 냉동실에 보관하고, 먹기 약 30분 전에 꺼내어 실온에 맞추어 결로 현상이 포장재에만 생기게 한 후에 습기를 제거하고 개봉한다. 다시 집어넣으면 온도가 떨어질 때 공기의 수축에 의해서 주변의 공기를 빨아들여 냉장고의 냄새가 커피에 배어들 수 있다.

(4) 커피 포장방법

커피의 포장 방법은 공기포장, 진공포장, 밸브포장, 질소가스포장 방법 등이 있으며 질소를 가압하여 포장하는 질소가압포장이 포방방법 중 보관기간이 가장 긴 것으로 알려져 있다.

❶ 질소충전포장

커피 포장 시 불활성 기체인 질소로 치환하여 포장 용기 내 잔존 산소량을 1g 이하로 낮추는 기술이다.

❷ 원웨이 밸브포장

가스가 투과하지 못하는 복합 필름의 포장지에 가스 및 공기가 안에서 밖으로 나가는 원웨이 밸브를 부착하여 사용한다.

❸ 탈산소 진공포장

분쇄 커피의 포장에 많이 사용하는 방식으로 벽돌 같은 모양을 하고 있다. 포장 내부의 산소를 빼내 제거함으로써 보관 기간을 늘리는 방법이며 내부 공기를 얼마나 완벽하게 빼내고 외부 공기의 유입을 차단하는게 중요하다.

3) 신선한 원두 구입 요령

(1) 신선한 커피를 사야 된다.

신선한 커피란 커피를 로스팅한 지 얼마 안 된 것을 말한다. 일반적으로 판매되고 있는 원두에는 유통기한과 볶은 날짜를 표시하고 있다. 커피를 구매할 수 있는 방법은 대형 마트나 로스터리 카페에서 원두를 구입하는 방법과 인터넷을 이용하여 국내 로스팅 커피나 수입 로스팅 커피를 구입하는 방법이 있다.

로스터리 카페에서 판매하는 원두는 일반적으로 로스팅한 날짜를 표시한다. 커피를 볶은 날짜로부터 3~7일 정도는 숙성기간이라 생각하고, 숙성기간 이후부터 마시는 것이 좋다.

대형마트나 인터넷에서 구입할 수 있는 국내커피는 일반적으로 유통기한을 표시하며 그 유통기한은 볶은 날짜로부터 1년 정도를 표기한다.

수입커피는 보통 수입절차를 걸쳐 소비자에게 유통되는데 걸리는 시간을 고려하여 2~3년 정도의 유통기한을 잡는다. 예를 들어 2011년 1월 1일까지라고 표시되어 있다면 그 커피를 볶은 날짜는 2009년 1월 1일이 되는 것이다. 신선한 커피를 즐기려면 커피의 볶은 날짜를 잘 확인하고, 볶은 지 얼마 안 된 커피를 구매해야 한다.

(2) 원두 상태로 구입해야 한다.

분쇄한 원두는 수분 함량이 극히 적으며 표면적이 넓어지므로 공기 중의 수분을 쉽게 흡수하여 산화를 촉진하고, 흡수된 수분은 원두의 오일 성분과 뭉치는 원인이 되어 추출 중 물 흐름이 원활하지 못하게 된다. 또한 분쇄된 커피는 향기도 함께 날아가므로 원두 상태로 구입하는 것이 좋다.

(3) 질 좋은 커피를 사야 된다.

아무리 신선한 커피를 구입한다 해도 질이 좋지 않은 것은 맛의 한계가 있다. 이를 위해서는 주위에 콩에 대해 잘 아는 이의 도움을 받거나 스스로의 감각과 경험으로 찾아야 할 것이다.

(4) 포장지를 살펴봐야 한다.

포장지가 팽팽하면 신선한 원두라 할 수 있다. 일반적으로 커피봉투는 공기를 막아 완전히 밀폐시키고 커피의 가스방출에 따른 원웨이밸브가 달려있어 안의 가스는 아주 약간씩 방출은 되나 바깥 공기가 들어오는 것을 막을 수 있다. 무엇보다 알루미늄 소재라 커피의 향기와 맛을 오래 보존해주며, 밸브를 통해 향기를 맡아 구매하는데 도움이 된다. 로스팅한 원두에서는 가스가 발생하는데 이 가스를 제거하지 않으면 포장지가 부풀어 터져버린다. 이를 방지하기 위해 아로마밸브를 다는데 포장지가 쪼그라져 있다면 아로마밸브가 제대로 작동하지 않아 변질됐을 가능성이 크다.

COFFEE
CANTATA

VII

커피플레이버(Flavor)

COFFEE
CANTATA

VII 커피 플레이버(Flavor)

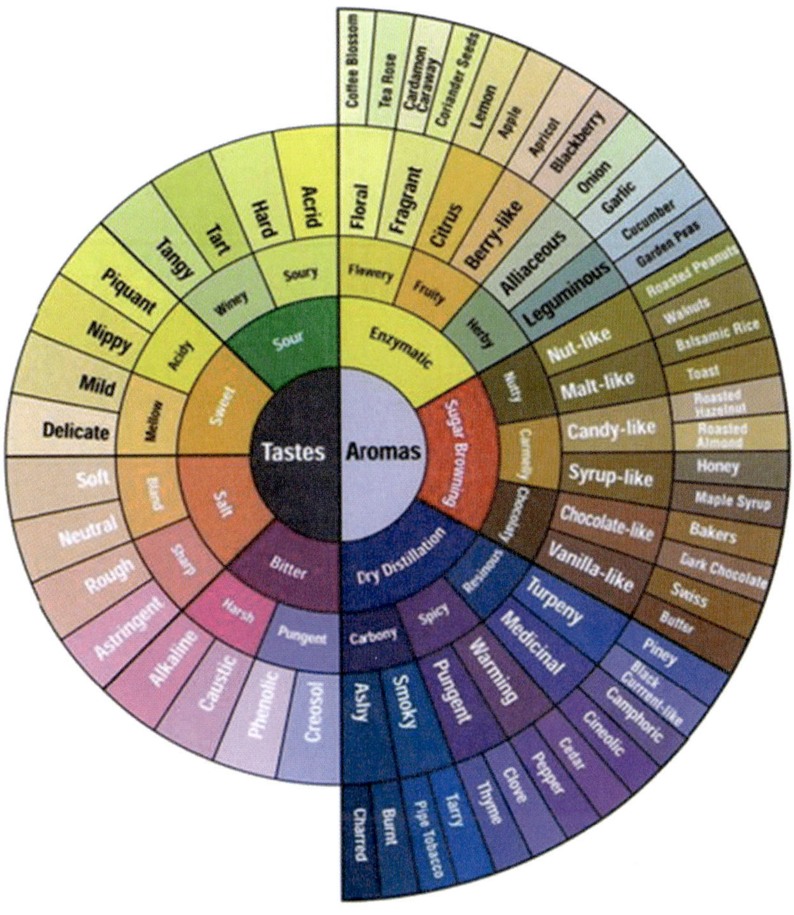

1 커핑(Cupping)의 준비와 방법

커피 샘플의 향(Aroma)과 맛(Taste)의 특성을 체계적으로 평가하며 감별하는 것을 것을 커핑(Coffee Cupping)이라고 한다. 이런 작업을 전문적으로 수행하는 사람을 커퍼(Cupper)라고 한다. 무려 1,200가지 이상의 화학분자가 있고, 전문 감별사들은 커피 한 잔에서 수십 가지의 맛을 찾아내고 또한 원두가 지닌 고유의 풍미를 읽어냄으로써 불순물이 섞여 있는지, 맛은 얼마나 풍부한지 등을 분석해 등급을 매기기도 한다.

커핑은 일상 속에서 커피를 마시는 것과 좀 더 객관적인 환경에서 커피의 평가를 위한 커피를 맛보는 것을 포괄하는 표현으로 여러 가지의 종류가 있다.

❶ Community cupping(커뮤니티 커핑)

별다른 규칙없이 편하게 커피를 내려 마시는 자리이다. 지인들과 모여서 가볍게 커피를 마시면서 커피에 대한 생각과 느낌을 공유하는 것이다.

❷ Business cupping(비즈니스 커핑)

생두 전문가들이 하는 커핑이다. 생두를 구입하기 위해서 어떤 맛이 나는지를 미리 경험하고 가격에 대한 협상을 진행하고, 구입한 생두를 가져온 이후 유통과정에서 맛이 변하지 않았는지 거래 체결 때와 다른 생두를 보낸 것이 아닌지 생두에 대한 평가를 다시 진행하는 것이다.

❸ Quality Control Cupping / Tasting

정식 상품으로 판매되는 도중에도 수시로 품질평가를 하는 것이다. 보통은 최종소비에서 이루어지는 추출 방식으로 평가가 진행된다.

브루잉용 원두는 브로잉, 에스프레소는 에스프레소, 아메리카노는 아메리카노로 각각 같은 것으로 평가를 한다.

1) 커핑 준비

❶ 물 : 100에서 200ppm의 물 150ml(약 5oz), 온도 90~96℃

❷ 커피 : 8.25g

❸ 추출 방법 : 인퓨전(infusion)

2) 커핑 방법

커핑 시 추출은 우려내기(infusion) 방식을 사용하는데 로스팅을 한 후 분쇄된 커피가 담긴 컵에 90~96℃로 끓인 물을 붓는다.

이때 커피 입자들이 컵의 표면에 층을 형성하다가 뜨거운 물에 젖으면 가라앉기 시작한다.

인퓨전 과정은 3~5분 정도 걸리며, 표면의 층을 깨주고 커피를 잘 저어서 모든 커피 입자들을 잘 적셔서 컵의 바닥에 가라앉게 한 후 표면의 거품을 걷어내서 제거한다.

(1) 분쇄된 커피 담기

24시간 이내에 로스팅한 분쇄된 커피를 각각의 컵에 8.25g씩 담는다.

(2) 분쇄된 커피 향기(Fragrance, Dry Aroma)

향기는 휘발성이기 때문에 분쇄 후 15분 이내에 코를 컵에 가까이 대고 손 모양을 삼각형으로 만들어 향이 빠져나가지 않게 하여 분쇄 향을 맡는다. 프래그란스는 탄산가스와 방출되는 기체로 커피의 향기 속성과 강도를 체크해야 한다.

다른 컵들에 준비된 커피의 향을 맡으면서 플레이버 휠(flavor wheel) 등을 통해 어떤 향이 나는지 체크한다.

(3) 물 붓기(Pouring)

물을 붓는 방식은 침출식으로 깨끗하고 냄새가 없는 90~96℃ 정도의 끓인 물 150ml를 컵에 부어준다. 커피 가루가 골고루 적셔지도록 휘젓지 않고 4분 정도 성분이 용해될 시간을 가진다. 커피에 직접 물을 붓는 침출 방식을 이용하는 이유는 물과의 접촉 시간을 늘려 최대한 많은 성분을 추출하고, 추출하는 사람의 기술에 따라 맛이 다르게 나오는 것을 방지하기 위함이다.

(4) 추출 커피의 향기(Break Aroma)

물을 붓는 동시에 타이머를 눌러 3~5분 정도 지나면 본격적인 커핑이 시작된다. 커피 입자는 컵 표면에 층을 만든다. 커피 층이 형성되어 있을 때 향기를 맡는 것을 웨트 아로마(Wet Aroma)라고 한다. 컵 윗부분에 뜬 커피가루를 스푼으로 3번 정도 저어가면서 향(aroma)을 맡아가며 향의 변화를 평가한다. 이 단계를 브레이크 아로마(Break Aroma)라고 하며 느꼈던 향기를 기억 속 향기와 접목시켜 평가지에 작성하면 되는데, 이때 구체적인 느낌을 적는 것이 좋다.

(5) 거품 걷어내기(skimming)

브레이크 아로마 평가가 끝나면 마시면서 느껴지는 향과 종합적인 맛 평가를 위해 커핑 컵 위에 떠 있는 부유물들을 걷어 내게 된다. 흡입을 위해 표면의 거품을 스푼으로 조심스럽게 걷어 내어 없애는 작업을 스키밍(skimming)이라 한다. 모든 커피 입자가 충분히 젖어 바닥에 가라 앉도록 스푼으로 잘 저어 준 다음 2개의 스푼을 사용하여 표면에 있는 거품을 없애준다.

(6) 흡입(slurping)

슬러핑(slurping)이란 커피액을 입안에 분사시키는 방법으로서 커핑 스푼을 입술에 대고 "쓰-읍" 하는 소리가 나도록 주변 공기와 함께 커피를 빨아들이는 동작으로 스푼에 담긴 커피를 순식간에 빨아들여 입안에 퍼지게 하는 행위이다. 물의 온도가 내려가면(55~65℃) 커핑 스푼으로 약 6~8ml 정도 떠서 입안으로 강하게 흡입하여 혀와 입안 전체에 골고루 퍼지면 Flavor를 먼저 평가한다. 그 후 커피를 3~5초 머금으면서 혀를 입천장에 굴려서 Acidity, Body, Balance 항목을 평가하고 기록한다.

(7) 평가/기록

물의 온도가 더 내려가 실온에 접근한 정도(약 37℃)가 되면 감미(Sweetness)와 균일성, 청정도(Clean cup) 항목을 평가한다.

2 커핑 평가의 관능 요소

1) Fragrance / Aroma

원두를 분쇄한 향을 Fragracnce, 갈고 난 후 물과 만났을 때의 향을 Aroma라고 부른다. Fragracnce와 Aroma는 각각 다른 향을 발산하는데, 휘발성이 강하므로 유의해서 빠르게 체크해야 한다. 분쇄된 커피 향을 통해 생두 가공방식과 산지에 대해 어느 정도 구분할 수 있고, 이 항목에서는 두 향을 평가한 후 종합적인 느낌을 점수화하는 것이다. Flavor 점수는 평가할 때 입천장 전체에 다 접하도록 하기 위해 커피를 입안으로 힘차게 훌쩍 빨아들이면서 경험하는 맛과 아로마에서 한꺼번에 받는 강도, 퀄리티, 복합성에 주어진다.

2) Acidity

커핑 스푼을 통해 신맛을 체크하는 항목으로서 커피 액이 입안으로 들어갔을 때 혀에서 느껴지는 밝고 산뜻한 산미의 과일 느낌에 가까울수록 새콤함을 뜻한다. 오렌지와 같은 상큼함이 느껴질 경우, 긍정적 지수에 가까우나 발효된 식초 맛과 유사하다면 부정적인 지수에 가깝다고 볼 수 있다.

3) Flavor

맛과 향의 종합적인 느낌이다. 균형감이 있으면 10에 가까우나 시큼한 맛이나 쓴맛이 두드러질 경우, 향이 약할 경우 점수는 낮다.

4) Body

입안에서 느껴지는 촉감에 대한 점수를 부여하는 항목으로 입안 전체에서 느껴지는 중후함이다. 묵직하고 부드러운 감각에 가까울수록 높게 평가하며 질감이 가볍거나 텁텁하고 거칠수록 점수가 낮아진다. 원두의 지방, 고형 침전물에 기인하는 커피 액의 질감으로 강하게 느껴지면 10, 약하게 느껴질수록 1에 가깝다.

5) Aftertaste

여운은 입천장 뒤편에서 감지되고, 커피를 뱉어내거나 삼킨 후 남아 있는 긍정적 향미(맛과 향) 특질의 지속 시간으로 정의된다.

커피 액을 입안에서 굴리면서 평가한 후 뱉은 다음 느껴지는 맛과 향에 대한 전체적인 평가이다. taste라는 용어가 들어가 있어 맛에 대한 평가로 오인할 수 있으나 맛과 향의 조화임을 알아두자. 평가는 균형감이 느껴지면 높게 평가되며, 한쪽으로만 치우쳐져 있다면 점수는 낮다.

6) Copper's point

커피에 대한 평가자의 전체적인 견해이다. 전체적인 항목에서 좋은 점수를 받았다면 +5에 가깝고 반대의 경우 -5에 표기한다.

7) Overall

샘플에 대한 이전까지의 평가와 더불어 커피의 주관적인 점수를 부여할 수 있다. 각 항목의 평가를 마친 후 전반적인 느낌을 주관적으로 평가한다.

우리가 커피를 마실 때 느낄 수 있는 커피의 향기(Aroma)와 맛(Taste)의 복합적인 느낌을 플레이버(Flavor, 향미)라고 하며 이런 커피 플레이버에 대한 관능평가(Sensory evalution)는 후각(Olfaction), 미각(Gustation), 촉각(Mouthfeel)의 세 단계로 나뉜다.

3 커피의 향미 표현방법

1) 후각(Olfaction)

(1) 커피 향기의 종류(SCAA Cupper's Handbook)

생성원인	종류	세부 항목
효소 작용에 의한 향기 (Enzymatic by-products)	Flowery	Floral, Fragrant
	Fruity	Citrus-like, Berry-type
	Herby	Alliaceous, Leguminous
갈변 반응에 의한 향기 (Sugar browning by -products)	Nutty	Nutty, Malty
	Caramelly	Candy-type, Syrup-type
	Chocolaty	Chocolate-type, Vanilla-type
건열 반응에 의한 향기 (Dry distillation by -products)	Turpeny	Resinous, Medicinal
	Spicy	Warming, Pungent
	Carbony	Smoky, Ashy

※ 향기가 아래로 갈수록 분자량이 크고 무거워서 휘발성이 약해진다.

(2) 전체 커피 향기(Bouquet)

커피는 각기 다른 특유의 향기 특질을 가지고 있으며 전체 커피 향기를 총칭하여 부케(Bouquet)라고 한다.

분쇄된 커피에서 나는 가스 상태의 향기(fragrance), 갓 추출된 커피액에서 나는 가스 상태의 향기(aroma), 커피를 마실 때 느껴지는 증기 상태의 향기(nose), 커피를 마시고 난 뒤 잔여물의 의한 증기 상태의 향기(aftertaste)이다.

향기의 구성(SCAA Cupper' s Handbook)

향기	특성	원인 물질	주로 나는 향기
Fragrance	볶은 커피의 분쇄 향기 (=Dry aroma)	에스테르 화합물	Flower
Aroma	추출 커피의 표면에서 맡을 수 있는 향기 (=Cup aroma)	케톤이나 알데히드 계통의 휘발성 성분	Fruity Herbal Nut-like
Nose	마실 때 느껴지는 향기	비휘발성 액체 상태의 유기 성분	Candy Syrup
After taste	마시고 난 다음 입 뒤쪽에 느껴지는 향기(뒷맛, 후미)	지질 같은 비용해성 액체와 수용성 고체물질	Spicy Turpeny

(3) 향기의 강도

커피의 향기를 평가할 때 중요한 것은 향기의(Aroma Complexity) 다양성과 강도(intensity)이다. 강도는 향기를 이루는 유기 화합물의 풍부함(Fullness)과 세기(Strength)의 척도이다.

강도	내용
Rich(진한)	풍부하면서 강한 향기(full & strong)
Full(풍부함)	풍부하지만 강도가 약한 향기(full & not strong)
Rounded(부드러움)	풍부하지도 않고 강하지도 않은 향기(not full & strong)
Flat(밋밋함)	향기가 없을 때(absence of any bouquet)

2) 미각(Gustation)

커피의 기본적인 맛은 단맛, 신맛, 짠맛, 쓴맛의 네 가지가 기본 맛인데 쓴맛의 역할은 단지 다른 세 가지 맛의 강도를 조절할 뿐이며 예외적으로 질이 낮은 커피나 강배전 된 커피에서 쓴 맛이 지배적으로 느껴진다.

(1) 네 가지 기본 맛(Four Basic Tastes)

맛	원인물질
신맛	클로로겐산, 옥살릭산, 말릭산, 시트릭산, 타타릭산
단맛	환원당, 캐러멜당, 단백질
쓴맛	카페인, 트리고넬린, 카페익산, 퀴닉산, 페놀릭화합물
짠맛	산화칼륨

(2) 온도와 맛의 변화

1. 단맛은 온도가 높아지면 상대적으로 약해진다.
2. 짠맛은 온도가 높아지면 상대적으로 약해진다.
3. 과일산은 온도 변화에 따른 영향을 받지 않아 신맛은 온도의 영향을 거의 받지 않는다.

3) 촉각(Coffee Mouthfeel)

촉각(mouthfeel)은 음식이나 음료를 섭취하거나 섭취한 후 입안에서 물리적으로 느끼는 촉감을 말한다. 입안에 있는 말초 신경은 커피의 점도(Viscosity)와 미끈함(Oilness)을 감지하는데 이 두 가지를 집합적으로 바디(Body)라고 표현한다.

1. 지방함량에 따라 : Buttery 〉 Creamy 〉 Smooth 〉 Watery로
2. 고형성분의 양에 따라 : Thick 〉 Heavy 〉 Light 〉 Thin으로 표시한다.

4 커피향미 결정 요소

커피는 향기와 맛을 즐기는 기호식품이다. 즐기는 사람의 취향에 따라 선호도는 다르게 나타난다. 이러한 커피의 향미를 결정하는 요소는 다음과 같다.

1) 그린커피빈(Green coffee bean)

그린빈은 커피 한 잔을 만들기 위한 재료로 흔히, 커피생두, 커피생콩, 그린커피라고 말한다. 어떤 품종의 씨앗을 심어 어떻게 재배하고, 수확하는지, 또 수확한 커피열매를 어떻게 가공하고 저장하며 유통하는지에 따라 그린커피빈의 향미의 특색은 달라진다.

2) 로스팅(Roasting)

흔히, 볶기, 볶음, 배전이라고 말하며, 열을 이용하여 그린커피빈을 볶아서 가지고 있는 커피의 향미를 발현시키는 과정이다. 로스팅된 콩을 원두라고 부르며 볶아진 색깔(볶음도)에 따라 가지고 있는 커피의 향과 맛이 다르게 나타난다.

3) 브루잉(Brewing)

커피추출을 말하는 것이다. 커피원두를 어떤 크기의 입자로 분쇄하여 어떤 도구를 사용하여 어떻게 추출하는지에 따라 한 잔의 커피 향미는 달라진다.

4) 엔조이(Enjoy)

커피를 마시며 즐기는 것을 말한다. 어떠한 농도로 얼마나 식혀서 마시는 지에 따라 향미는 다르게 느낄 수 있으며 부수적인 재료 즉, 설탕이나 우유를 첨가하는 여부에 따라 그 맛은 달리 느끼게 될 것이다.

VIII

커피의 메뉴

COFFEE
KAHVIPUU
CANTATA

VIII 커피의 메뉴

1 에스프레소

에스프레소는 'espresso' 라는 단어가 의미하듯 빠르게 추출하는 커피를 말한다. 드립식 커피가 2~3분에 걸쳐 커피를 추출하는 반면 에스프레소는 30초 안에 커피의 모든 맛을 추출한다. 드립식 커피는 중력에 의해 커피를 추출하기 때문에 수용성 성분만 추출되지만 에스프레소는 중력의 8~10배의 압력을 가하므로 수용성 성분 외에 비수용성 성분도 함께 추출된다. 이러한 이유로 에스프레소는 드립식 커피보다 더욱 진한 맛과 강렬한 향을 만들어 낸다. 또한 드립식보다 3배 정도 더 미세한 원두가 사용되고 커피와 물이 닿는 시간이 짧기 때문에 카페인 함량도 적다. 에스프레소는 '커피의 심장(heart or coffee)' 이라고도 불린다.

분류	내용	분류	내용
커피양	7±1.0g(#6.5±1.5g)	추출 압력	8~10bar
추출 시간	25±5초(#30±5초)	추출 온도	90~95
추출 양	25±5cc	PH	5.2

* 에스프레소의 기준은 지역에 따라 상이할 수 있다.

1) 에스프레소 메뉴

메뉴는 크게 핫 메뉴(Hot menu)와 콜드 메뉴(Cold menu)로 나뉘며 또 에스프레소 메뉴(Espresso menu)와 에스프레소 이외에 우유, 크림 등이 첨가된 카푸치노, 카페라테 등의 베리에이션 메뉴(Variation menu)로 나눌 수 있다.

(1) 에스프레소(Espresso)

에스프레소(Espresso)는 이탈리아에서 보통 카페라테(Caffè)라 하며 25~30ml 정도의 커피를 데미타세(Demitasse) 컵에 제공한다.

(2) 도피오(Doppio)

더블 에스프레소(Double espresso)의 의미이며 통상 투 샷(Two shot)이나 더블 샷(Double shot)이라고 한다. 에스프레소 잔보다 큰 도피오 잔에 서빙된다.

(3) 리스트레또(Ristretto)

추출시간을 짧게 하여 양이 적은 진한 에스프레소이다. 10~15초 동안 15~20ml 정도를 추출한다. 커피 투입량은 에스프레소와 같으나 물의 양이 적어 더 진한 맛이 난다.

(4) 룽고(Lungo)

영어의 롱(Long)의 의미로 일반적인 에스프레소보다 추출시간을 길게 하여 보다 양이 많게 추출된 에스프레소(40~50ml)이다.

리스트레또 (Ristretto) 에스프레소 (Espresso) 룽고 (Lungo)

(5) 아메리카노(Americano)

룽고와 유사하나 에스프레소에 뜨거운 물을 추가하여 희석한 것으로 잔의 크기는 180~200ml 정도이다.

재료

에스프레소 30ml 1샷　　뜨거운 물 200g

만들기

1. 준비한 잔에 뜨거운 물을 넣는다.
2. 추출한 에스프레소를 부어 준다.

2 베리에이션 메뉴(Variation menu)

1) 에스프레소 마끼아또(Espresso macchiato)

Macchiato는 이탈리아어로 점, 얼룩을 의미하며 에스프레소 위에 우유거품을 2~3스푼 올려 에스프레소 잔에 제공한다. 에스프레소를 마시기에 조금은 부담스러워 하는 사람들을 위해 우유거품을 가미해 부드럽게 즐기는 메뉴이다.

재료

3oz 기준

에스프레소 30ml 1샷　　스팀우유와 우유거품 약간

만들기

1. 준비한 데미타세잔에 바로 에스프레소를 추출한다.
2. 스팀우유를 조금 넣어주고 크레마 띠를 유지하며 우유거품을 올려 준다.

2) 카페라테(Caffè latte)

Latte는 우유라는 뜻으로 에스프레소에 데운 우유를 섞어 제공되며 카푸치노보다 좀 더 많은 우유에 거품은 거의 없거나 아주 조금만 넣는다.

재료

8oz 기준

에스프레소 30ml 1샷　　스팀우유 180g

만들기

1. 준비한 잔에 추출한 에스프레소를 담는다.
2. 스티밍한 우유를 부어준다.
3. 잔을 채워 완성한다.

시나몬 토핑

3) 카푸치노(Cappuccino)

에스프레소에 우유와 거품이 조화를 이루는 커피메뉴로 150~200ml 크기의 잔에 제공되며 기호에 따라 시나몬, 초콜릿 가루를 토핑할 수도 있다.

재료

8oz 기준

에스프레소 30ml 1샷　　스팀우유 150g　　우유거품

만들기

1. 잔에 에스프레소를 추출하여 준비한다.
2. 스티밍하여 우유거품을 만들고 푸어링하여 부어 준다.

wet cappuccino

4) 카페 꼰 빠나(Caffè con panna)

'con'은 영어의 with이며 'panna'는 cream이라는 의미이다. 즉 에스프레소에 달콤한 휘핑크림을 넣어 부드럽게 즐기는 에스프레소 메뉴이다.

재료

3oz 기준

에스프레소 30ml 1샷　　휘핑크림 약간

만들기

1. 준비한 데미타세 잔에 바로 에스프레소를 추출한다.
2. 휘핑크림을 올려 준다.

5) 카페오레(Cafè au Lait)

원래 프렌치 로스트한 커피를 드립으로 추출하여 데운 우유와 함께 카페오레 볼(bowl)에 동시에 부어 만드는 것이나 일반적으로 에스프레소와 거품우유를 사용하여 만든다.

재료

프렌치프레스 추출

드립으로 내린 커피 100ml　　우유 80ml　　우유거품 약간

만들기

1. 준비한 볼에 바로 추출한 커피를 따른다.
2. 프렌치프레스로 우유거품을 내거나 따뜻한 우유를 부어준다.

6) 카페 모카(Caffè mocha)

에스프레소에 초콜릿 시럽(15ml)과 데운 우유(100ml)를 넣어 섞은 후 그 위에 휘핑크림을 얹은 다음 초콜릿 시럽과 초콜릿 가루로 장식을 한다.

재료

12oz 기준

에스프레소 30ml 2샷	초코소스 30g	스팀우유 180g
휘핑크림 적당량	초코파우더 약간	

만들기

1. 준비한 잔에 초코소스와 추출한 에스프레소를 넣어 잘 섞어 준다.
2. 스티밍한 우유를 부어 준다.
3. 휘핑크림을 올리고 초코파우더를 뿌려 완성한다.

7) 카페 프레도(Caffè Freddo)

흔히 우리가 말하는 아이스커피이며 즉석 추출한 에스프레소를 얼음이 담긴 잔에 부어 커피 고유의 향미를 그대로 살려 청량감 있는 커피 맛을 느낄 수 있는 메뉴이다.

재료

에스프레소 30ml 2샷　　얼음　　설탕이나 시럽

만들기

1. 준비한 잔에 얼음을 넣는다.
2. 에스프레소 2샷을 넣는다.
3. 시럽이나 설탕을 조절하여 넣는다.
4. 흔들어서 잘 섞어준 후 마신다.

3 알코올이 첨가된 커피

1) 아이리시 커피(Irish coffee)

아이리시 커피는 북유럽의 아일랜드에서 탄생한 어레인지 커피로, 아이리시 위스키의 향과 맛이 진한 커피와 조화를 잘 이룬다. 아이리시 커피는 몸과 마음을 따뜻하게 해 주는 커피로, 다리가 있는 글라스에 마시는 좋이 좋다.

재료

에스프레소 30ml 2샷　　설탕 2스푼
아이리시 위스키 20cc　　휘핑크림 작은 스푼 3

만들기

1. 유리잔을 데운 후, 설탕과 아이리시 위스키를 넣는다.
2. 에스프레소 2샷과 온수 100ml를 채워준다.
3. 휘핑한 크림을 얹어준다.

2) 카페로열(Cafe Roal)

나폴레옹이 즐겨 마신 커피로 유명한 카페로열은 브랜디를 연소시키는 멋있는 효과를 연출할 수 있는 커피이다. 또한 품질이 뛰어난 커피와 브랜디가 화려하게 조화를 이루어 귀족 음료와 같은 느낌을 준다.

재료

에스프레소 30ml 2샷　　뜨거운 물 15cc
각설탕 2　　브랜디(코냑 5cc)　　로열 스푼

만들기

1. 잔을 따뜻하게 예열한 후, 에스프레소를 넣는다.
2. 잔 위에 로열 스푼을 걸치고, 그 위에 각설탕을 얹는다.
3. 각설탕에 브랜디를 붓고, 불을 붙여서 각설탕을 녹인다.
4. 각설탕이 녹으면 커피에 붓고 잘 섞어 마신다.

3) 블랙러시안

블랙러시안은 쌉싸름한 보드카의 강한 맛이 느껴지고 그 후에 따라오는 깔루아 특유의 커피맛과 약간의 초콜릿 향이 느껴지는 커피 리큐르의 달콤한 맛과 향이 특징이다. 러시아인들이 즐겨 마시는 보드카가 기본이기 때문에, '블랙러시안' 이라는 이름이 생겼는데, 블랙러시안에 우유를 추가하여 색이 하얀 '화이트러시안' 도 있다.

재료

커피리큐르(깔루아) 보드카 얼음

만들기

1. 준비한 잔에 얼음을 넣는다.
2. 깔루아와 보드카를 2:1 비율로 넣고 섞어준다.

IX

커피 라테 아트(Latte art)

COFFEE
CANTATA

IX
커피 라테 아트(Latte art)

1 개념과 원리

1) 라테(Latte)의 개념

이탈리아어로 '우유'를 뜻하고, 아트(Art)란 미적(美的) 작품을 형성시키는 인간의 창조활동이다. 즉 커피(에스프레소, Espresso)에 스티밍(Steaming)된 우유를 이용하여 나뭇잎, 꽃, 동물 등을 표현하는 창작활동을 라테 아트라(Latte Art)고 한다. 이탈리아의 카푸치노(Cappuccino)가 시초가 되었다. 그러나 이것은 우유와 에스프레소가 섞여 자연스럽게 층을 이루는 것으로 창조적인 예술 활동은 아니었다. 이후 1988년경 미국에서 우유 거품을 이용해 하트 모양 등을 고안하며 본격적인 예술 활동으로 발전하였다.

2) 크레마 원리

에스프레소의 크레마(Crema), 벨벳과 같은 거품을 갖는 스팀우유(Steam Milk), 바리스타(Barista)의 기술, 세 가지로 요약할 수 있다.

에스프레소의 크레마는 라테 아트의 가장 중요한 원리로 영어의 크림(Cream)이라는 뜻이다. 즉 에스프레소 추출 시 커피의 지방 성분과 커피의 향 성분이 결합해 만들어지는 황금색 또는 좀 더 진한 색의 미세한 거품을 말한다. 커피의 낙차를 이용하여 높은 위치에서 부어주면 스팀밀크가 크레마의 아래쪽으로 들어가면서 크레마를 스팀과 공기를 이용해 만드는 벨벳과 같은 부드럽고 미세한 우유 거품과 라테 아트에 사용되는 커피의 원두, 우유, 기계의 특징을 숙지한 바리스타의 기술이 중요하다. 이를 통해 바리스타는 잔 안에 예술 작품을 만드는 재미를 느낄 뿐만 아니라 고객들에게는 커피를 마시는 즐거움과 동시에 함께 보는 즐거움을 선사할 수 있다.

2 주요 기법

1) 플로팅(Floating)

플로팅 기법

플로팅(Floating)이란 커피 표면에 우유 폼을 띄우는 기술이다. 에스프레소와 스팀밀크를 섞어주는 안정화 작업은 조금 높은 위치에서 스팀밀크를 부어주어야 하지만 플로팅을 할 때는 높이를 낮춰 가깝게 부어주어야 한다. 어떤 방식으로 스팀밀크를 붓느냐에 따라 패턴이 달라진다. 스팀피처가 커피 표면과 멀리 떨어져 있으면 스팀밀크가 에스프레소 안으로 깊숙이 들어가 패턴을 띄우기가 어렵기 때문이다.

2) 풀 푸어링(Push pouring)

처음부터 끝까지 연결해서 뒤쪽으로 빠지듯이 스팀밀크를 부어주는 것이다. 앞쪽으로 밀어내듯 스팀밀크를 부어주는 방식으로 스팀밀크가 움직이는 유속을 따라 조절해가며 부어 주어야 한다. 유속을 느리게 하여 천천히 끊어가며 부어주면 작은 점들을 여러 개 그려 낼 수 있다.

(1) 로제타 기법

❶ 잔을 기울여 잔 속의 바닥 가까운 곳에 스팀밀크를 따른다.

❷ 우유가 채워지면 피처를 좌우로 흔들며 잔의 일부부터 뒤쪽으로 피처를 움직이며 뒤로 빼준다.

❸ 잔의 끝부분까지 왔을 때 피처를 높이 들어 중앙을 가르며 앞쪽으로 오며 마무리한다.

(2) 3단 튤립

❶ 잔을 기울여 잔 속의 바닥 가까운 곳에 스팀밀크를 따른다.

❷ 우유가 채워지면 피처를 좌우로 흔들며 잔의 앞쪽으로 조금씩 흔들어주고 멈춘다.

❸ 거품이 나온 바로 뒷부분에 다시 스팀밀크를 부어 잔의 앞쪽으로 조금씩 흔들어 주며 멈춘다.

❹ 마지막으로 다시 바로 앞의 거품 뒤에 스팀밀크를 부어 거품이 나오면 높이 들어 얇게 중앙으로 빼준다.

3) 에칭

에칭이란 날카로운 도구로 하는 선에 의한 표현이며 동판화에서 많이 쓰는 기법이다. 가장 기본적인 라테 아트이며 초코 라테 아트라고도 한다. 라테 아트를 배울 때 가장 쉽게 배우면서 재미를 얻을 수 있어 효과를 쉽게 얻을 수 있는 단계이다. 초콜릿 소스를 가늘게 짜낼 수 있는 스퀴저를 이용해 원형이나 직선 등을 커피 위에 그리고 날카로운 도구를 이용해서 여러 가지 꽃이나 동물 등의 에칭을 해볼 수 있다. 라테 아트에서의 에칭은 붓기 후 작업을 하여 동물에칭, 초콜릿에칭, 우유거품에칭 등으로 응용된 동작이며 하트, 로제타 아트보다 쉽게 할 수 있다. 바리스타의 예술적인 감각을 표현할 수 있는 기법이다.

(1) 동물에칭

캐릭터 에칭은 바로붓기와 에칭기법을 이용하여 동물이나 꽃, 사람 등과 같은 모양을 다양하게 나타낼 수 있다.

❶ 곰 그리기

① 준비과정으로 우유거품과 함께 잔의 40%까지 우유를 채운다.

② 원그리기를 응용하여 중앙에서부터 큰 원을 그리고 밑으로 작은 원을 바로 붓기하여 그린다.

③ 티스푼을 이용해서 거품으로 귀를 만들고, 에칭펜을 이용하여 눈, 코, 귀를 만들어 준다.

(2) 초콜릿 에칭

❶ 준비과정으로 우유거품과 함께 잔의 80%까지 채운다.

❷ 거품을 이용해 중앙에 원 모양을 내고 라인을 만들어준다.

❸ 가운데 흰색 거품 안쪽으로 초콜릿 소스로 원을 그린다.

❹ 안으로 8번 밖으로 8번 안으로 긋기 후에 잔의 100% 채워준다.

불꽃그리기

초콜릿 에칭

(3) 우유거품에칭

❶ 준비과정으로 우유거품과 함께 잔의 80%까지 채운다.

❷ 거품을 떠서 커피 바깥부분에 거품으로 원을 만들고 잔의 가장자리까지 거품으로 채워준다.

❸ 중앙에서 밖으로 8번 긋고 바깥에서 안으로 8번 긋기 후 모양을 완성한다.

낙엽그리기

우유거품에칭

4) 드로우(Draw)

최대한 스팀피처를 커피표면과 가깝게 한 뒤 일정한 유속을 흘려주며 천천히 그어주는 방법이다. 선이 굵은 패턴을 만들 때 사용하면 좋다. 다만 유속을 일정하게 흘려보내지 못했을 경우 선의 간격이 불규칙해질 수 있음을 주의한다.

드로우기법

드로우기법

3 라테 아트의 역사

라테 아트(장식 커피)는 1986년 미국 시애틀에서 아이디어가 제시된 이래 1989년 하트 폼이 고안됨으로써 탄생했다. 에스프레소의 본고장인 이탈리아는 물론 일본, 그리고 미국의 바리스타들의 열성적인 노력으로 현재 라테 아트는 전 세계적인 커피 메뉴의 하나가 되었다. 1993년 미국 시애틀의 유명한 비바체 카페(Vavace cafe)의 데이비드 슈머(DavidSchomer)가 라테 아트의 기본이라 할 수 있는 '로제타(Rosetta)' 라 불리는 나뭇잎 모양을 만들었다. 커피에 우유를 타서 마시는 카페라테는 7세기경 중국에 파견된 네덜란드 외교관이 중국 사람들이 차에 우유를 넣어 마시는 것을 보고 커피에도 우유를 넣어 먹으면 어떨까 하는 발상에서부터 시작되었다고 한다.

1) 미국식 카페라테

대중적으로 가장 많이 알려져 있는 카페라테는 카페에서 소비자들이 아메리카노 다음으로 많이 찾는 메뉴다. 카페라테는 에스프레소에 많은 양의 우유를 섞은 음료를 말한다. 라테는 '우유'를 뜻하는 이탈리아어에서 비롯됐다.

우리나라에서는 통상적으로 카페라테를 라테라고 줄여 부르는데, 이탈리아 카페에서 '라테'를 주문하면 우유만 나오는 불상사가 발생하니 주의해야 한다. 이탈리아에서는 라테를 판매하는 카페가 10%도 채 되지 않으며, 판매하는 카페라고 하더라도 외국인 관광객을 위한 추가메뉴 정도로 마련되어 있다.

2) 유럽식 라테 마끼아또

카페라테와 가장 흡사한 메뉴다. 유럽의 많은 국가에서는 카페라테를 판매하는 곳이 드문 반면에 라테 마끼아또가 훨씬 대중적으로 소비된다. 라테 마끼아또는 유럽에서 라테 아트의 원조격이라고 볼 수 있는데 음료를 붓는 순서에서 차이가 있다. 카페라테는 우유를 잔에 부어놓은 상태에서 에스프레소를 붓지만 라테 마끼아또는 에스프레소, 우유, 밀크폼 순으로 잔에 붓는다. 농도는 카페라테와 카푸치노의 중간 정도다. 보통 유리잔에 서빙되는 것이 정석인데, 투명한 잔을 통해 커피와 우유, 밀크폼의 층을 감상할 수 있다는 점이 매력적이다.

3) 호주식 플랫화이트

유럽과 미국 못지 않게 커피문화가 발달되어 있고 커피소비량이 높은 호주와 뉴질랜드에서 즐겨 마시는 밀크커피다. 일반적인 카페라테보다 약간 작은 잔에 담기며, 밀크폼은 다른 베리에이션에 비해 더 적은 편이다. 꼬르따도보다 우유의 양은 약간 많은 편이다. 호주에서 플랫화이트를 마시면 새콤한 맛이 느껴진다. 쓴맛이 적고 진한 바디감에 산뜻한 향과 단맛이 일반적인 플랫화이트의 플레이버다.

COFFEE
CANTATA

X

커피와 커피잔

COFFEE CANTATA

X
커피와 커피잔

1 커피잔의 변화

커피를 마시는 문화가 최초로 발달한 것은 이슬람권이다. 이 지역에서는 "체즈베(CEZVE)"라 불리는 검은 도자기 포트에 커피를 우려내어 마셨는데, 강하고 짙은 쓴맛을 즐기기 위해 작은 컵을 사용했었던 것 같다. 당시의 커피하우스를 그린 회화 등으로 이 컵은 손잡이 없이, 입이 닿는 부분을 향해 넓어지는 형태라는 것을 알 수 있다. 구리 혹은 놋쇠로 만든 무늬가 있는 국자 모양의 커피 기구이다. 터키식 커피를 추출할 때에 사용하며, 이브릭이라고도 한다. 커피문화가 이슬람권에서 유럽의 왕후귀족에게로 전파된 것은 17세기 초이다.

오늘날에는 '마이센(MEISSEN)', '로열 코펜하겐' 등의 명요(名窯)가 많은 유럽이지만, 당시에는 아직 자기를 굽는 기술이 없었다. 따라서, 네덜란드 동인도 회사가 중국에서 사들여 온 투광성이 우수한 아름다운 자기는 '차이나'라고 불리며 오랜 세월 동안 사람들에게 동경의 대상, 부의 상징으로써 귀족들에게 수집되었다.

2 커피잔의 기능과 종류

1) 커피잔의 기능

잔은 생김새와 용량, 두께, 지름 등에 따라 다양한 종류가 있으며, 디자인을 더욱 돋보이게 할 잔을 선택하는 것이 중요하다. 잔은 지름이 클수록 디자인을 선택할 수 있는 폭이 넓고 같은 디자인도 훨씬 도드라져 보이는 효과가 있다. 동일한 패턴도 표면이 넓은 잔이면 더 크게 만들 수 있고, 여러 가지 기술을 적용할 수 있기 때문이다.

(1) 커피 본연의 색을 해치지 않는 색상

잔의 색상이 다양한 것처럼 커피 역시 저마다 고유의 색을 갖고 있다. 그러므로 잔에 담겼을 때 커피의 색감을 해치지 않는 색상의 잔을 고르도록 한다. 단맛을 좋아하는 단골손님이 온다면 시럽을 한 번 추가하는 대신 취향에 맞는 컵에 담아 줌으로써 본연의 단맛을 더욱 느낄 수 있다.

(2) 온도와 향을 오래 보존하는 잔

커피의 향은 온도가 적당할수록 오래간다. 두께가 너무 얇은 잔은 커피가 빨리 식어 향을 잡아 두기 어렵다. 즉, 가볍고 산뜻한 맛을 원한다면 테두리가 넓고 얇은 잔을 선택해도 좋지만, 적당한 두께가 있는 잔이 향과 온도 유지에 좋고 무겁고 중후한 맛을 느끼게 할 수 있다. 덧붙여 입구가 좁을수록 향을 오래 느낄 수 있다.

(3) 용량과 두께는 반비례

너무 무겁고 큰 잔은 커피 맛에 집중하는 데 방해되므로, 적당한 크기의 잔을 고르는 것이 중요하다. 용량이 많을 땐 온도가 쉽게 변하지 않으므로 얇은 잔을 고르고, 적을 땐 두꺼운 잔에 담는 것이 좋다.

2) 커피잔의 종류

(1) 에스프레소잔(데미타세)

80ml의 이탈리아 공식 표준규격의 에스프레소 커피잔이다. 잔의 안쪽은 부드럽게 곡선처리가 되어 있으며 잔에 커피를 추출 시 밖으로 튀는 현상을 줄여준다. 입술에 닿는 부분은 매끄럽고 말끔하게 처리되어 좋은 감촉을 준다.

(2) 더블에소프레소잔(더블에소잔)

130ml의 더블에소잔은 이탈리아에서는 도표잔이라고 부르며 동그란 유선형의 앙증맞은 디자인이다. 잔속이 깊어 커피를 담거나 추출 시 흐르거나 넘치지 않는다.

(3) 카푸치노잔

220ml의 카푸치노 커피를 즐길 수 있는 카푸치노잔의 지름이 카페라테잔보다는 작지만 꽤 넓은 크기로 충분한 우유거품을 즐길 수 있을 크기이다.

(4) 핸드드립잔

핸드드립잔은 카푸치노 커피잔보다 약간 큰 용량인 250ml 정도이며, 형태는 카푸치노잔과 거의 비슷하다. 다른 종류의 차나 음료에도 잘 어울리는 잔이다.

(5) 카페라테잔

320ml의 큰 용량인 카페라테잔은 잔의 곡선미가 뛰어나 멋스러움을 더 한다. 용량이 커서 카페라테 커피뿐만 아니라 아메리카노 커피를 즐기기에도 안성맞춤이다. 또한 지름이 넓어서 라테 아트를 하기에도 유용하다.

(6) 머그 다용도 커피잔

평상시에 아메리카노 또는 카페라테도 많은 양을 따라놓고 먹을 때 좋다. 업무 또는 집에서 부담없이 커피를 마실 때 자주 사용한다.

3 커피잔의 선택

1) 잔의 두께

입술이 닿는 잔 끝단의 두께에 따라 입술과 접촉의 느낌이 달라지면서 맛에 대한 인식이 달라질 수 있다. 또한 두꺼운 잔은 커피가 잘 식지 않아 처음의 맛을 계속 유지하는 장점이 있으나, 너무 두꺼운 잔은 무겁고 입술과의 접촉에 이물감을 느껴 커피 본연의 맛이 감소될 수 있다.

2) 잔의 크기

커피잔과 찻잔을 비교하면, 일반적으로 유럽인들의 찻잔(홍차)은 약 180~230cc이며, 커피잔은 125~150cc로 커피잔이 약 30% 작다. 그런데 한국인 고객은 큰 것을 좋아하는 경향과 넘치는 정의 습관에 의해 더 많은 양을 제공하고자 큰 잔을 더 선호한다. 미국인도 과거에 홍차를 마시던 습관에서 커피로 전환되면서, 홍차잔의 크기로 머그잔을 만들었다. 또한 식사 시 커피를 묽게 하여 물 대용으로 마시는 습관처럼 변형되어 잔이 커졌다. 그래서 take out cup의 크기가 12온스(340cc)로 커지게 된 것이다. 그러나 품질 좋은 고급커피는 125~180cc 정도가 적당하다. 그리고 카푸치노와 라테 커피의 경우도 잔의 크기가 커지면서 에스프레소 커피 샷 하나를 넣은 잔에 우유나 우유거품으로 가득 채울 경우 커피 맛보다 우유 맛이 강하게 느껴지므로 커피와 우유의 비율을 고려한 크기를 선택하는 것이 좋으나 큰 잔을 선택할 때는 에스프레소 커피의 양을 반잔 혹은 더블 샷을 넣어야 하는 것을 고려해야 한다.

3) 잔의 무게

잔이 점점 커지면서 자연히 무거워지고 튼튼한 잔을 만든다고 한 때 두꺼운 잔이 많이 유통됐지만, 가벼운 잔이 사용하기에는 편리하다. 잔이 두꺼운 경우 데워진 잔이라면 커피온도가 내려가는 것을 방지할 수 있어 좋은 점도 있다. 그러나 일반적으로는 가볍고 튼튼한 잔(본 차이나)이 고급 잔에 속한다.

4) 잔 내부 색상과 그림

커피잔의 내부 색상은 흰색이나 크리스탈과 같은 투명성이 좋다. 커피잔 내부가 검은색, 청색, 적색, 황색 등이면 커피의 맛을 잃을 수 있으므로, 백색일수록 좋다.

5) 손잡이 위치

손잡이를 잔의 측면, 상단, 중앙, 혹은 하단으로 달아서 디자인의 창의성을 나타내는 경우가 많다. 와인잔의 경우는 손잡이가 없는 것이 일반적이나, 커피잔이 손잡이가 요구되는 것은 커피가 뜨거우므로 한 손가락, 두 손가락, 혹은 네 손가락이 들어가는 것 등 다양하다.

또한, 두 손가락을 넣는 경우엔 손잡이 꼭지점이 상단, 중앙, 하단으로 디자인된 것이 있는데, 잔이 긴 경우 손잡이가 하단에 있으면 잔 기울이기가 편해서 사용하기 더 좋다.

6) 외부 색상과 도안, 색상

커피잔 상단에 모양을 가진 것은 보기 좋아도 입술과 혀에 자극이 가서 맛을 느끼는 컵으로는 별기능이 없다. 컵의 기타 조건으로는 보온성, 견고성, 내·외부 표면상태, 커피 물이나 차 물이 스며들지 않은 것 등을 고려한다.

7) 크기의 차이

커피컵은 용량에 따라 크기의 차이가 있다. 용량이 120~140cc 정도를 "스탠다드"라고 하면, 그것의 1/2이 들어 가는 "데미타세(demitasse)"는 에스프레소용이다.

8) 소재의 차이

두께가 있어 따뜻함이 느껴지는 도기나 커피 색이 비쳐서 투과되듯이 하얗고 매끄러운 자기 또는 유리, 스테인리스 등 소재가 다르면 입에 닿았을 때의 감촉이나 컵을 들었을 때의 질감 또는 소재 자체의 디자인 특징에 따라 그 장소의 분위기까지도 달라지게 된다.

9) 형태의 차이

형태의 차이는 커피맛에 영향을 줄 수 있다. 우리들의 혀는 표면에 있는 미세포(미뢰)의 위치로 미각을 느낀다. 혀의 안쪽이 쓴맛, 좌우 양끝이 신맛, 맨 앞에서 조금 안쪽이 매운맛, 짠맛, 가장 앞쪽이 단맛을 느낀다. 음식물이 입안에 들어 왔을 때, 혀의 어디게 닿는가에 따라 미세하지만 느껴지는 맛의 인상이 변하기 마련이다. 예를 들면, 입에 닿는 가장자리가 넓은 컵으로 마시면 커피가 입안에 퍼지면서 신맛을 느끼는 세포를 쉽게 자극한다.

XI

커피업장과 공간 환경

COFFEE
CANTATA

XI 커피 업장과 공간 환경

1 물리적 시설관리

1) 음향(BGM)

카페 음악이 손님의 휴식에 방해해서는 안 된다. 카페 음악은 카페에 온 손님들이 대화나 휴식, 커피를 즐기는 데 거슬리지 않을 정도가 적당하며 커피를 마시다가, 대화를 하다가 문득 음악에 귀 기울였을 때 편안함을 느끼며 차와 잔잔한 어울림을 줄 수 있는 선곡이 최고의 선곡이라 할 수 있다.

그날그날의 분위기에 따라 선곡도 볼륨도 다르다. 카페의 내부 분위기는 음악을 통해 내가 의도하는 대로 만들고 조절할 수 있다. 손님이 많은지 적은지, 날씨가 어떤지, 혹은 시간대가 어떤지에 따라 음악 선곡을 달리하고 볼륨도 조절을 해야 한다.

❶ 아침 개운하고 상쾌한 보사노바풍의 재즈 음악을 듣는 것이 좋으며 카페의 여유로움을 즐기러 오는 부지런한 손님이 대부분이므로 익숙한 멜로디의 음악을 연출하는 것이 좋다.

❷ **점심** 가벼운 팝 발라드, 어쿠스틱한 느낌의 곡을 트는 것이 좋다. 주로 대화나 약속을 목적으로 방문하는 시간대이므로 대화나 작업에 방해되지 않는 음악이 좋다.

❸ **저녁** 약간 진득한 느낌을 주는 재즈음악이 좋다. 일상을 마치고 데이트나 커피, 저녁시간만의 여유를 즐기러 오는 손님들의 감성을 자극하는 음악이 좋다.

❹ **주말** 별 다른 클라이맥스가 없는 인디밴드 음악을 트는 것이 좋다.

❺ **손님이 적을 때** 신나고 경쾌한 음악을 틀어 분위기를 띄우는 느낌을 주는 음악이 좋다.

❻ **손님이 많거나 시끄러울 때** 잔잔한 뉴에이지 음악을 틀고 음악 볼륨이 작으면 크게 떠들던 손님이 자신의 목소리가 크다는 것을 인지하고 목소리를 줄이게 된다.

❼ **공부하는 사람이 많을 때** 노트북이나 책을 펼쳐 놓고 공부하는 손님들이 많을 때는 집중도를 높일 수 있도록 가사가 없는 편안한 노래나 잔잔한 팝송을 트는 것이 좋다.

❽ **비가 많이 오거나 혼자 온 손님이 많을 때** 이럴 때는 감성적인 분위기의 음악을 트는 것이 좋고 해금 연주곡을 중간 중간 삽입하는 것도 좋다.

노트

음악가들에게도 커피는 영감을 불러일으키는 마법의 음료였다. 베토벤에게 커피는 없어서는 안 될 양식이었고 그는 원두 60알을 일일이 세서 커피 한 잔을 내렸다. 브람스는 매일 아침 5시에 커피 한 잔을 스스로 만들면서 나보다 진한 커피를 마시는 사람은 없을 것이라고 말했다.

중세의 보석이라고 불리는 독일 루텐부르크가 2차대전 직후부터 개최하고 있는 모차르트 음악제는 단지 모차르트가 마차의 말을 바꾸는 동안 커피 한 잔을 마셨다는 이유로 현재까지 이어지고 있다. 라이프치히 커피하우스에서도 연주되었던 바흐의 커피 칸타타 마지막은 커피를 예찬하는 합창이다.

2) 조명

공간지각의 개체 중 조명은 색채 및 마감재료와 함께 사물을 인식하는데 있어 매우 중요하며, 공간의 분위기를 이끌어 가는 역할을 한다. 실내조명은 그 실내의 분위기를 좌우하므로 각 실내의 성격에 따라 조명 방법이나 조도 또는 조명기구 등을 선택해야 한다. 조명은 식음의 형태에 따라 다음과 같이 계획한다.

레스토랑의 조명 방식은 매입형과 펜던트가 주로 사용되며, 조명기구의 의장, 배광방식, 실내 분위기, 디자인 스타일 등의 조화가 되어야 한다. 특히 테이블 위에 떨어지는 펜던트는 조명기구 자체가 장식적이며, 집중하는 빛을 발하므로 테이블을 중심으로 영역을 한정하고, 조명 아래서 독특한 대화분위기가 형성되도록 한다.

매입형을 설치할 경우에는 규칙적이거나 불규칙하게 배치할 수 있는데, 규칙적인 배치는 정상적인 느낌을 주며 연속적인 빛과 음영으로 시각적 흐름을 주어 동선을 유도할 수 있다. 불규칙적인 배치는 격식 없고 허물없는 안정감을 주나, 조명기구 자체가 클 경우는 자칫 혼란스러워지기 쉬우므로 유의한다.

3) 동선

일반적으로 동선은 고객동선, 종업원동선, 식품반입동선으로 분류된다.

1. 고객동선은 업소에 고객이 입장하여 주문하고, 식사를 한 후 퇴장하기 전까지의 과정에 서로의 교차가 적은 동선을 감안하여야 한다.
2. 종업원 동선은 주문을 받고 고객에게 음식이 전달되기까지 원활한 동선을 고려하여야 한다.
3. 식자재창고는 식품반입이 용이한 곳에 위치하며, 식품반입을 위한 출구는 별도로 설치하여야 한다.

동선계획의 기본은 동선의 시작에서 목적하는 지점에 이르는 끝까지 원활하고 자연스러운 흐름이 되도록 한다. 동선계획은 주동선과 부동선으로 나누어 전개되는데, 동선사용의 빈도가 큰 공간은 주동선을 중심으로 배치하며, 이 주동선은 가능한 간단하고 직선적이며 쉽게 인지될 수 있도록 동선을 처리한다.

부동선은 주동선에서 연결된 동선으로 마치 줄기에서 뻗어 나온 가지와 같다. 따라서 하나의 구역에서 다시 세분화되어 각 공간으로 이르는 동선으로 가구배치와 출입구의 위치나 크기에 영향을 미친다.

4) 파티션

파티션의 기능으로는 하나의 공간에 두 가지 이상의 기능이 가능하다는 것이다. 유리블록 파티션의 기능 레트로풍의 유리블록 파티션은 빛을 받으면 잔잔하고 신비롭게 퍼져 공간을 풍요롭게 해주는 효과가 있다.

파티션에 일반 유리와 아쿠아 무늬의 유리를 격자로 배치하면 클래식하면서도 은은한 분위기의 공간연출이 가능하다. 투명한 파티션을 사용하고 싶으나 파손의 위험이 우려된다면 폴리카보네트의 소재의 파티션을 사용하면 된다.

파티션을 사용하면 주방에서 나는 음식 냄새가 홀에 퍼지는 것을 막을 수 있다. 파티션 설치가 부담스러우면 오픈형 서랍장으로도 공간을 쪼갤 수 있어 분리하고 싶은 공간 사이에 오픈형 서랍을 배치하면, 공간 활용도도 높이고 수납공간도 늘리는 일석이조의 효과를 누릴 수 있다.

5) 위생 및 운영요령

(1) 식기취급

❶ 식품 취급실은 청결하게 식품을 취급하는 장소는 언제나 정돈에 신경쓰고 청결을 유지한다.

❷ 기구류의 세정, 살균 충분히 살균하고 유독, 유해물질에 오염되지 않는 기구나 용기를 사용한다.

❸ **신체에 이상반응이 일어날 때에는 식기를 취급하지 않는다** 손가락에 상처가 났을 때, 설사를 할 때, 감기증상이 있을 때 등 신체에 이상이 있을 때는 식기취급을 삼가고 의사의 치료를 받는다.

❹ **세정을 세심하게** 식품에 가능한 한 손을 대지 않도록 하고, 만질 때는 깨끗한 손으로 한다. 손을 씻는 것은 식품위생의 기본이다.

❺ **식기의 노출은 금물이다** 직접 섭취하는 식품은 절대로 노출시키지 않는다.

❻ **식기의 매입과 판매 시 점검** 원재료를 매입하거나 식품 판매 시에는 안전을 점검하고, 표시를 확인한다.

❼ **원재료와 직접 섭취하는 식품과의 상호 오염방지** 원재료에는 식중독균이 붙어 있는 경우가 있으므로 직접 섭취하는 식품과 상호 오염을 방지하기 위해 각각의 전용 용기에 구별하여 수납한다.

❽ **식품을 실내에 방치하지 않는다** 식품을 냉장고에 보관할 때에는 5도 전후에서 보관하고, 냉장고의 개폐를 될 수 있으면 적게 하며, 온도계를 항상 확인한다.

❾ **유해한 것은 내용을 표시하여 식품과 분리하여 보관한다** 살충제, 세제 등 유해한 것은 반드시 그 내용을 표시하고, 식품과 구별하여 식품과 떨어진 전용 장소에 보관한다. 또한 식품첨가물도 마찬가지이다.

(2) 운영 요령

❶ 점포 및 환경의 위생에 있어서 점주와 그 주변을 매일 청소하고, 위생상 지장이 없도록 유지한다. 조리장 바닥, 벽, 천장은 언제나 청결을 유지한다. 조리장은 정리 정돈을 하고 불필요한 것은 두지 않는다. 조리장에는 관계자 이외의 사람을 들여 보내지 않도록 한다.

❷ 조리장의 창문 및 출입구는 망이 없이는 열어 두지 않는다.

❸ 세면대 설비는 언제나 사용할 수 있는 상태로 해 둔다.

④ 기구의 사용목적에 따라 사용하고, 언제나 점검해 둔다. 종료 후에는 세정 또는 청소를 해 둔다. 칼, 도마는 그대로 식품용, 육류용, 채소용으로 구별해 사용한다.

⑤ 세정제는 적절한 농도로 사용하고, 식기용기에 세제가 남지 않도록 충분히 헹구어낸다.

⑥ 청소용구는 전용 장소에 보관한다.

⑦ 배수설비는 배수가 잘 되도록 폐기물을 제거하고, 유출을 방지한다. 또한 보수를 게을리하지 않는다.

⑧ 폐기물 용기는 오물냄새가 나지 않게 매일 세정을 한다.

⑨ 식품의 조리, 판매에 관하여는 선입, 선출원칙을 지킨다. 냉장고 내는 평균 5도 이하를 유지하도록 하고, 식품끼리 오염되지 않도록 전용 용기에 넣는다.

2 종사원 접객서비스 관리

1) 유니폼 서비스

사람이란 첫 모습에서 단정한 용모를 가진 사람은 자연스레 신뢰감이 생기게 되어 있다. 용모에 못지않게 첫인상을 좌우하는 것 중 하나가 복장이다.

서비스 업종에 종사하는 사람에게 단정하고 깨끗한 복장을 기본이며 항상 이를 유지할 수 있어야 한다. 유니폼 및 상의는 항상 깨끗하고 단정히 착용한다. 또한 유니폼을 착용 시에는 착석을 하지 않는 것이 좋다. 바지는 검정색 계통의 바지가 좋으며 깔끔한 면바지나 정장 바지가 좋다. 여성의 경우 치마를 입는다면 커피색 계통의 스타킹을 착용해주면 좋다.

명찰은 항상 왼쪽 가슴에 이름이 보이도록 달아주며 구두는 수시로 체크해서 깨끗하게 신도록 하며, 여성의 경우 높은 굽의 구두는 피하도록 한다.

2) 고객응대 서비스

고객을 편안하게 하는 것은 종사원이 잘못하지 않는 경우에도 고객의 불만이 있을 때가 있다. 불만스런 고객을 만나는 것이 기분 좋은 일은 아니다. 고객을 업소에 다시 오도록 친절하게 불만을 해소시켜 준다. 고객의 불만에 대응할 때의 마음가짐은 다음과 같다.

❶ 고객에게 변명하거나 불평하지 않는다.

❷ 말하는 것을 마지막까지 주의깊에 성실한 태도로 듣는다.

❸ 일단 처리를 한 후에 신속히 점장에게 어느 고객이 어떤 불만을 말했는지 구체적으로 말한다.

3) 고객만족 서비스

고객만족이란 고객의 욕구나 기대에 부응할 수 있는 최상의 상품, 최고의 서비스를 제공하고, 그 결과로 고객이 만족과 기쁨을 체험하고 우리 업소를 이용하는 고객이 늘어나며, 이러한 고객과 최상의 신뢰 관계가 계속 유지되는 상태를 말한다.

고객은 체험을 통해 자신이 직접 이익을 받았다고 느꼈을 때 가치가 발생한다고 생각하고, 그것을 손에 넣게 된다. 고객이 가치를 인정한다는 요인, 즉 손님의 이미지를 좌우하는 7가지 요인을 들면 다음과 같다.

❶ **환경적 요인** 고객이 경험하는 물리적인 설비

❷ **미적 요인** 고객이 직면하는 감각적 요인, 소리, 시각,

❸ **인간관계 요인** 종업원의 접객 태도, 다른 고객과의 관계

❹ **절차적 요인** 고객이 서비스를 받기 위해 필요한 수속절차

❺ **정보 요인** 고객으로써 활동하기 위해 필요한 정보의 제공

❻ **제공물 요인** 상품은 물론 고객에게 제공되는 물질적인 것

❼ **금전적 요인** 고객이 지급하는 금액에 걸맞은 값어치, 느낌

4) 고객의 기본적인 욕구

❶ 기억되기를 바란다 환영 기대의심리

❷ 관심을 끌고 싶어 한다 독점하고 싶은 심리

❸ 중요한 사람으로 인식되고 싶어 한다 우월감의 심리

❹ 편안해지고 싶어 한다 편안하고 싶은 심리

❺ 기대와 욕구를 수용해 주기를 바란다 자기본위의 심리

❻ 손해보기 싫어한다 손해보고 싶지 않음 심리

5) 서비스의 기본원칙

❶ 커피는 쟁반에 들고 운반하여 고객의 오른쪽에서 오른손으로 서비스한다.

❷ 커피 등의 음료를 서비스할 때는 여성 우선(Lady First)의 원칙을 지켜야 한다. 즉 남자, 연장자, 남자 등의 순으로 서비스한다. 만약 주빈(Host)과 손님(Guest)이 있는 테이블일 경우에는 Guest Wife, Host Wife, Guest, Host 등의 순으로 서비스한다.

❸ 커피를 서비스할 때는 커피잔의 손잡이와 커피스푼의 손잡이가 오른쪽으로 향하도록 서비스한다.

❹ 커피잔과 물잔은 고객이 떠날 때까지 치우지 않는다.

6) 직책별 업무

(1) 점장

점장은 관리자이며 바리스타의 역할을 수행한다. 인력과 매장관리 등의 문제점을 해결할 수 있고 바리스타 업무 부점장의 업무가 잘 진행되는지 관리 감독한다.

점장들의 업무는 가령 청소를 하더라도 교육을 위한 청소를 해야 하며 먼저 솔선수범을 보인 후 모든 일들이 점장의 지시 없이 진행될 수 있도록 교육한다. 점장은 직원들이 점장의 지시 감독이 없어도 문제 해결이 가능해지도록 교육하는 것이 점장의 업무이다.

(2) 부점장

점장 및 업주가 매장의 운영을 맡긴 만큼 책임감이 강하고 사명감이 투철해야 하며 모든 사람에게 모범이 되는 행동을 보여야 한다.

이러한 부점장은 인사, POS, 고객응대, 설거지, 청소, 제품 제조, 점장의 업무 중 일부를 하는 능력의 위치를 가졌기 때문에 스스로 자질을 키울 수 있어야 한다.

(3) 직원

인사, POS, 고객 응대, 설거지, 청소, 제품 제조 점장과 부점장이 지시하는 일을 반복적으로 학습하여 내 것으로 만드는 업무를 한다.

매장 직원들이 바리스타의 계획과 목표가 있는지 없는지에 따라 매장에 미치는 영향이 크며 대부분 재미삼아, 막연히 커피가 좋아서 일을 시작하므로 그 중에서 성공하는 사람은 극히 드물다.

성공하는 바리스타가 되기 위해서는 자기 자신과의 약속, 목표가 정해져 있어야 바리스타로서의 자질을 발휘할 수 있게 된다.

(4) P/T

매장의 기본 업무인 홀 체크, 설거지, 간단한 음료 만들기를 수행함으로써 판매를 촉진한다.

COFFEE
CANTATA

XII

커피와 건강

COFFEE
CANTATA

XII 커피와 건강

1) 커피가 우리 몸에 주는 이로운 점

(1) 풍부한 항산화 물질

커피가 주는 가장 큰 장점은 항산화 물질로 과일이나 채소에 든 항산화 물질보다 훨씬 더 빨리 몸에 흡수된다. 항산화 물질은 강력한 분자로, 활성 산소가 우리 몸을 손상해서 여러 만성 질환과 이른 노화가 일어나는 것을 막는다.

(2) 에너지 증가

이는 커피의 가장 잘 알려진 장점이다. 커피의 주요 성분인 카페인은 뇌를 자극해 집중력과 성과를 높인다.

(3) 제2형 당뇨 위험의 감소

전 세계에 약 3백만 명이 넘는 사람들이 제2형 당뇨로 고생하고 있다. 혈당이 높은 것이 특징인 이 만성 질환은 적당한 양의 커피를 마시면 예방될 수 있다. 미국 화학협회에서 발간한 연구에 따르면 하루에 커피 1~4잔을 마시는 사람들은 제2형 당뇨가 발생할 확률이 23%에서 50%가량 줄었다고 한다.

(4) 간 보호

간은 우리 몸의 건강을 위해 필수적인 일을 하는 주요 기관이다. 하지만 간염이나 지방간 등 만성질환이 생기면 간 기능이 저하될 수 있다. 싱가포르의 듀크 의과대학에서 진행한 연구는 하루에 1~4잔을 마시는 사람들은 지방간 위험성이 현저하게 줄어들었다고 밝혔다. 또 다른 연구에 따르면 최소한 하루에 커피 1잔을 마시는 사람들은 간경변의 발생 가능성도 작아졌다는 결과가 있다.

(5) 우리 삶의 웰빙

미국의 국립보건원은 적당한 양의 커피를 마시는 사람들은 그렇지 않은 사람들보다 우울증이나 부정적인 감정으로 고생할 확률이 10%가량 낮았다고 밝혔다. 이 연구의 저자 홍레이 첸(Honglei Chen)은 커피에 든 항산화 물질의 효과 덕분이라고 말했다.

(6) 뇌 건강 개선

커피에 든 항산화 물질과 여러 필수 영양소들은 알츠하이머나 치매 등 퇴행성 질환의 위험성을 낮춘다. 사우스 플로리다 대학과 마이애미 대학에서 공동 집필된 연구에 따르면 혈중 카페인 농도가 높은 65세 이상의 노인들은 그렇지 않은 노인들보다 알츠하이머병 발생이 2~4년 늦게 진행되었다고 한다. 알츠하이머병은 일단 발생하면 병이 진전되는 것을 멈출 순 없지만, 커피는 발병 자체를 미루는 데 큰 효과가 있다.

(7) 훌륭한 미용 보조제

커피를 마시는 것이나 커피를 몸에 바르는 것은 모두 엄청난 미용상 효과가 있다. 커피가 셀룰라이트와 죽은 피부세포 제거에 효과가 있다는 사실이 밝혀지자 많은 화장품 회사들은 그들의 주요 제품에 커피 성분을 포함시켰다. 카페인을 피부에 바르면 혈류가 개선되고 주름, 기미와 잡티 등의 발생을 늦출 수 있다.

(8) 뇌졸중 발생을 낮춘다

스웨덴 스톡홀름에 위치한 카롤린스카 연구소의 수잔나 라르손 박사 연구팀은 '커피 음용과 뇌졸중 발생률의 상관관계 전향성 연구 사례 용량-반응 심층분석' 이라는 이름으로 연구하였는데 연구팀이 심층분석을 진행한 결과 커피를 마신 남 · 녀 성인들은 커피를 전혀 마시지 않은 그룹에 비해서 뇌졸중 발생률이 10% 이상 낮게 나타났다. 커피를 마시는 양에 따라 뇌졸중 발생률이 달라졌다.

연구를 진행한 라르손 박사는 적정한 양의 커피 음용을 통해 뇌졸중이 발생할 위험성을 어느 정도 낮출 수 있을 것이라고 하였다.

2) 커피가 우리 몸에 주는 해로운 점

(1) 카페인 섭취

커피 속 카페인이 체내의 칼슘 흡수를 방해하면서 뼈 건강에 악영향을 줄 수 있다. 성인의 경우, 하루 카페인 섭취 권장량은 400㎎인데, 젊은 여성들이 주로 찾는 커피 전문점의 아메리카노 한 잔에는 카페인 함량이 최소 100㎎에서 최대 285㎎에 이르기 때문이다. 커피 두 잔만 마셔도 하루 카페인 섭취 권장량을 훌쩍 뛰어넘는다.

(2) 칼슘의 손실

카페인은 장에서 칼슘 흡수를 막고 소변으로 칼슘이 빠져나가도록 한다. 점차 골밀도를 떨어뜨려 골다공증을 생기게 할 수 있다. 커피를 많이 마시면 대퇴부 골절 위험이 2~3배 높아진다는 연구가 있다.

칼슘 흡수를 도와주는 음식을 자주 섭취해주는 것이 좋다. 우유나 치즈, 두부와 브로콜리 등 칼슘 흡수를 높이는 식품을 많이 먹는 것이 좋다. 커피를 마실 때에는 커피에 설탕이나 크림을 넣지 않고, 원두커피 형태로 묽게 해서 마시는 아메리카노가 가장 무난하다고 이야기한다.

(3) 콜레스테롤 수치

에스프레소 커피는 커피콩의 거의 모든 특징을 뽑아내므로 커피 중에 가장 향이 강하고 풍미가 세다. 이런 방식으로 만드는 커피는 카페스테롤이 걸러지지 않으므로 혈중 콜레스테롤 수치를 가장 많이 올린다. 에스프레소를 뜨거운 물로 희석한 커피 전문점 아메리카노 커피 역시 혈중 콜레스테롤 수치를 올린다. 필터를 쓰지 않고 제조하는 커피는 고지혈증에 위험하다. 그러나 고지혈증이 없다면 풍미가 강하고 묵직한 에스프레소 계열을 주저할 필요는 없다.

(4) 위장질환

카페인은 위벽을 자극해 위산이 많이 나오게 한다. 위장과 식도를 연결하는 괄약근을 느슨하게 만들어 위산이 역류하며 속쓰림이 심해진다. 또 장의 연동작용을 촉진하므로 장의 움직임이 활발해진다. 따라서 위산과다가 있거나 위궤양 증상, 장염이나 과민성 대장질환이 있는 사람은 커피를 피해야 한다.

(5) 방광염 악화

커피는 방광 근육을 자극해 소변을 더 마렵게 한다. 방광염을 악화시키는 대표적인 음식이다. 커피를 마시는 여성이 그렇지 않은 여성에 비해 방광암 위험이 2배 높아진다는 보고도 있다. 하지만 어느 정도 양을 마셔야 상관관계가 나타나는지는 검증이 필요하다.

(6) 혈압 상승

카페인은 혈압을 상승시키는데 그 이유는 심장 근육을 자극해 박동수를 증가시키기 때문이다. 하루 5잔 이상의 커피를 마시는 사람은 그렇지 않은 사람에 비해 수축기 혈압은 2.5mmHg, 이완기 혈압은 1.2mmHg 정도 더 높았다. 평소 혈압이 높을수록, 나이가 젊을수록 더욱 두드러진다. 저혈압 환자라면 하루 한두 잔의 커피가 활력이 될 수 있다.

3) 커피를 마시는 예절

❶ 커피를 마실 때 필요한 도구는 컵과 컵 받침, 그리고 티스푼이다.

스푼은 커피에 설탕을 넣거나 우유를 넣고 저을 때 필요하다. 티스푼으로 마치 찌개의 간을 보듯 커피를 떠먹거나 사용한 스푼을 계속 컵에 꽂아 세워 두는 것은 좋지 않다. 사용한 스푼은 꺼내서 털어 내지 말고 티스푼 끝을 찻잔 안쪽 면에 살짝 붙이면 찻잔을 타고 커피가 흘러내린다. 흔히 잔 옆에 티스푼을 내려놓는데 사실은 커피 잔 뒤쪽에 놓아두는 것이 바른 예절이다.

❷ 잔을 들어 커피를 마실 때에는 한 손을 이용한다

추운 날씨에는 커피의 온기를 느끼기 위해 두 손으로 감싸고 뺨에 비비며 마실 수도 있지만 교양을 보여야 하는 자리에서는 두 손으로 잔을 들고 마시진 않는다. 한 손으로 마실 때에도 새끼 손가락을 펴지 말고 손가락을 가지런히 모아 컵을 쥐어야 손에 안정감이 느껴지고 편안하게 균형을 잡을 수 있다.

❸ 손으로 컵을 바치거나 밑 접시를 받쳐 들고 마시지 않는다

커피를 마실 때에는 밑 접시는 놔둔 채 컵만 들고 마시는 것이 좋은 방법이다.

❹ 새끼손가락을 들고 마시지 않는다

많은 사람들이 버릇처럼 새끼손가락을 올리고 마시는데 이것 또한 커피매너에 어긋나는 부분이다.

❺ 커피를 입으로 후후 불어서 먹지 않는다

커피는 약 70도씨 정도에서 가장 맛있으므로 적당한 시간을 두고 여유있게 마시는 것이 좋다.

4) 커피와 잘 어울리는 음식

산지별 커피 원두	어울리는 음식
에티오피아	레몬, 레몬그라스, 커리
자바	연질 치즈, 버섯볶음, 바질
케냐	새콤한 과일
수마트라	버섯볶음, 로스트비프, 감자그라탱
예멘	볶음밥, 피타빵
브라질	아몬드 비스코티, 쇼트브레드
콜롬비아	당근케이크, 주키니호박빵
코스타리카	과일머핀, 페이스트리

❶ 고기요리나 샐러드

커피는 디저트뿐만 아니라 고기 요리나 샐러드 등 달지 않은 음식과도 잘 어울리기도 한다. 코스 요리 중간에 음식을 맛보고 커피를 마시면 커피가 혀에 남은 맛을 제거해 그 다음 음식 맛을 또렷하게 즐기는 역할을 하기도 한다. 커피의 독특한 맛은 와인처럼 맛있는 음식의 풍미를 끌어내기도 한다. 베리, 캐러멜, 코코아, 플로랄, 너트, 스파이스 등 커피향 풍미는 입맛을 자극하고 커피의 풍미를 한 모금씩 음미할 때마다 함께 즐기는 음식의 맛 또한 그만큼 좋아진다.

❷ 술

커피에 술을 넣으면 맛과 향이 좋아진다. 대표적인 메뉴는 아이리시 커피이다. 단, 그 양이 지나치게 많으면 커피 본래의 향을 즐길 수 없으니 주의해야 한다. 술은 위스키 와인 럼 외에 여러 가지 리큐르가 커피와 잘 어울린다. 커피를 탄 후, 위스키 1~2방울을 떨어뜨려 잘 저은 후 마신다. 소량이기 때문에 취할 정도는 아니지만 체온을 높여주고 몸의 긴장을 풀어주기 때문에 숙면에도 도움이 된다.

❸ 케이크

강한 느낌의 커피에는 부드럽고 풍부한 느낌의 케이크를 곁들이는 것이 좋다. 진한 커피의 에스프레소에는 달콤한 생크림 케이크, 수마트라산 커피에는 부드러운 치즈 케이크, 에티오피아산이나 케냐산 커피에는 상큼한 과일 타르트 등이 잘 어울린다. 특히 향이 강한 커피인 경우에는 곁들어 먹는 음식이 지나치게 강하면 커피의 참맛을 해치므로 시폰 케이크나 모카 케이크처럼 약한 느낌의 케이크가 좋다. 커피와 곁들어지는 케이크는 주로 치즈나 버터, 초콜릿 등을 넣어 달콤하고 부드러운 것이 특징이다.

❹ 빵

일상적으로 많이 먹는 빵도 커피와 잘 어울린다. 프랑스인들의 아침 식사는 크로아상과 카페오레를, 미국인들은 토스트에 블렌드 커피를 곁들이다. 미국인들은 일요일 브런치로 연하게 추출한 커피와 함께 커피 케이크를 먹기도 한다. 커피 케이크는 커피가 들어 있는 케이크가 아니라 버터를 듬뿍 넣은 스위트롤이다. 주로 커피와 함께 먹기 때문에 그렇게 이름이 붙여졌다. 브라질 산토스나 콜롬비아 슈프리오 커피에는 거의 모든 빵이 어울리고 과테말라 안티구아 커피에는 고로케나 기름기 많은 빵이, 블렌드 커피에는 달지 않고 담백한 바게트나 하드롤, 토스트가 잘 어울린다.

❺ 쿠키

바삭바삭하면서도 달콤한 쿠키는 커피 맛을 높이는 또 하나의 파트너이다. 단맛이 강한 쿠키는 설탕이나 크림이 들어간 커피보다 약간 쓴맛이 나는 블랙커피가 제격이다. 하나씩 들고 커피에 찍어 먹으면 커피액이 부드럽게 스며 들어 쿠키 맛도 한결 좋아진다.

❻ 과일과 허브

레몬이나 라임 껍질은 장식용으로 훌륭하고 비타민 제공에도 큰 도움을 준다. 허브(민들레나 치커리, 둥글레 등)도 커피와 잘 어울린다.

COFFEE
CANTATA

한국커피협회
바리스타 2급 예상문제

COFFEE CANTATA

한국커피협회 바리스타 2급 예상문제

커피 식물학

1. 커피는 (　　)에서 최초로 발견되었는데 가장 널리 알려진 전설에 따르면 (　　) 라는 목동에 의해 처음 알려지게 되었다고 전해진다.

① 에티오피아, 칼디　　② 예멘, 칼디
③ 에티오피아, 오마르　　④ 예멘, 오마르

2. 17세기에 들어와 많은 도시에 커피하우스들이 문을 열게 되는데 다음 중 가장 먼저 개점한 커피하우스는 어디인가?

① 카페 플로리안(Caffe Florian)
② 머천트 커피하우스(Merchant's Coffeehouse)
③ 더 킹스 암스(The King's Arms)
④ 카페 드 프로코프(Cafe de Procope)

3. 외부로의 반출이 엄격히 통제되고 있던 상황에서 커피 묘목을 몰래 훔쳐 인도네시아에서 커피를 재배함으로써 대규모 커피경작의 역사를 연 나라는?

① 포르투갈　　② 네덜란드
③ 프랑스　　④ 영국

4. 다음 중 커피와 관련된 설명으로 옳은 것은?

① "아~ 맛있는 커피. 천 번의 키스보다 황홀하고, 무스카텔(Muscatel) 와인보다 달콤하다."라고 묘사한 사람은 베토벤이다.
② 커피는 16세기경 아프리카의 고원 지대에서 '칼디'라는 목동에 의해 인류에게 전해졌다.

③ 커피의 식물 학명은 'Kaffee' 이다.

④ 커피는 초기에 체리를 발효시켜 술로 이용하다가 차츰 말린 커피가루를 곡식가루와 기름과 섞어서 구급약이나 비상식량으로 사용하였다.

5. 우리나라에서 처음 커피를 마신 사람은 고종(高宗)이다. 고종은 덕수궁 내에 우리나라 최초의 로마네스크풍의 건물을 지어 이곳에서 커피와 다과를 즐겼다고 한다. 이곳은 어디인가?

① 밀다원(蜜茶苑)　　② 카페 세실

③ 정관헌(靜觀軒)　　④ 난다랑(蘭茶廊)]

6. 다음 빈칸을 바르게 채운 것을 고르시오.

> 우리나라에 커피가 처음 전파된 때는 (　)으로 당시 러시아 공사 베베르(Karl Ivanovich Veber)에 의해서이며 처음 커피를 접한 사람은 (　)으로 알려져 있다. 또 커피를 당시에는 '양탕국' 이라 불렀다고 한다.

① 아관파천, 고종　　② 갑오경장, 고종

③ 을미사변, 순종　　④ 아관파천, 순종

7. 커피에 관한 역사적 사실이 틀리게 기술된 것을 고르시오.

① 커피는 처음부터 지금처럼 음료로 애용되었다.

② 17세기 런던에서 커피음용을 금지해 달라는 여성들의 청원이 있었다.

③ 구한말 커피를 '양탕국' 이라 불렀다고 전해진다.

④ 1930년대 브라질은 세계 커피의 70% 정도를 생산하였다.

8. 커피나무에 대한 설명이다. 내용이 옳지 않은 것은?

① 커피나무는 꼭두서니과 코페아속에 속하는 다년생 상록수이며 외떡잎식물이다.

② 최초의 아라비카종은 에티오피아 서쪽의 카파, 카네포라종은 아프리카의 콩고에서 유래되었다.

③ 카네포라종은 고온 다습한 환경에도 적응을 잘하여 병충해에도 강하다.

④ 아라비카종의 주요 품종은 타이피카, 버번 등이며 자연변이나 교배에 의해 생긴 많은 품종들이 있다.

9. 다음 커피에 관한 식물학적 내용 중 맞게 설명된 것은?

① 연분홍 커피 꽃은 높이가 1cm 정도이며, 재스민 닮은 달콤한 향기가 있어서 아라비아의 재스민이라고 불린다.

② 꽃잎은 아라비카종 4장, 로부스타종 5장, 리베리카종 7장인데, 꽃이 핀지 2~3일이면 져버린다.

③ 아라비카종은 염색체의 개수가 44개이다.

④ 아라비카종은 타가수분, 로부스타종은 자가수분을 한다.

10. 다음 커피나무에 관한 내용 가운데 올바르게 기술된 항목은 무엇인가?

① 아라비카종 커피는 일 년 내내 온도 차이가 크지 않은 고지대에 재배하기 때문에 꽃 피는 시기가 일정하다.

② 커피나무에 꽃이 피었다가 지고 체리가 맺히기 시작하면 이로부터 6~8주 지나야 수확이 가능하다.

③ 일반적으로 아라비카종보다 로부스타종의 커피나무가 뿌리를 더 깊게 내린다.

④ 커피나무는 열매를 맺기 시작하면 5년 정도 지나야 수확이 안정되며, 경제성 있게 수확할 수 있는 기간은 20~30년이라고 보아야 된다.

11. 다음의 커피체리에 관한 내용 중 틀린 것은?

① 성숙한 커피 열매는 색이나 형태가 체리와 비슷해서 체리(Cherry)나 커피체리(Coffee cherry)라고 불린다.

② 일반적으로 커피체리의 껍질 안쪽에 과육이 있고, 과육 안쪽으로 속껍질 안에 두 개의 생두가 들어 있다.

③ 커피 생두는 한 체리에 보통 두 개가 서로 마주보는 형태로 들어 있지만 간혹 세 개 이상 들어 있는 경우도 있다.

④ 커피나무 가지 끝에 열리는 커피체리에는 생두가 하나만 들어 있는 경우도 있는데 이런 것을 피베리(Peaberry)라고 부른다.

2 커피 품종

12. 커피는 다양한 종(Species)이 존재한다. 다음 중 커피의 종과 관계없는 것은?

① 아라비카종　　② 리베리카종
③ 카네포라종　　④ 코페아종

13. 식물학적으로 본 커피에 대한 내용이다. 사실과 다르게 설명 된 것은?

① 커피나무는 꼭두서니(Rubiaceae) 과(科) 코페아(Coffea) 속(屬)에 속하는 다년생 상록 쌍떡잎식물이다.
② 코페아 아라비카(Coffea arabica)는 자가 수분(Self-pollination)을 하며, 대표적인 품종에는 티피카(Typica), 버번(Bourbon) 등이 있다.
③ 코페아 카네포라(Coffea canephora)는 흔히 리베리카라고 한다.
④ HdT(Hibrido de Timor)는 아라비카와 로부스타의 교배종이다.

14. 다음 중 아라비카종 커피의 특징을 올바르게 설명한 것은?

① 가격이 저렴해 대부분 인스턴트커피용으로 사용된다.
② 동남아시아, 특히 베트남과 인도네시아에서 주로 생산된다.
③ 쓴맛이 강하고 카페인 함유량이 비교적 높다.
④ 나무의 성질이 예민해 생산지의 기후환경과 토양조건에 따라 독특한 개성을 지닌다.

15. 아라비카종 커피의 특징 중 틀리게 설명된 것은?

① 린네(Linne)에 의해 품종으로 분류 등록된 시기는 1753년이다.
② 생두가 일반적으로 납작한 모양을 하고 있다.
③ 번식방법은 자가 수분(Self-pollination)을 통해 이루어진다.
④ 고형성분이 로부스타에 비해 더 많이 함유되어 있다.

16. 로부스타(Robusta) 커피에 대한 설명으로 올바른 것은?

① 주로 해발 800m 이상의 산지에서 재배된다.
② 연평균 기온 24~30℃, 연평균 강우량 1,000㎜ 내외의 열대지역에서 잘 재배된다.
③ 아프리카 콩고가 원산지로 1895년 처음 학계에 보고되었다.
④ 재배가 용이하고 수확량이 아라비카(Arabica)보다 월등히 많은데다 카페인 양도 훨씬 적어 많은 국가들이 재배 양을 점점 늘려가고 있다.

17. 다음 내용 중에 로부스타(Robusta)와 관련이 있는 것은 무엇인가?

① 로부스타는 1895년도에 발견되어 학계에 보고되었으며, 원산지는 에티오피아로 알려져 있다.
② 염색체 수는 아라비카종보다 많은 44개이다.
③ 체리 숙성기간은 아라비카종보다 길며, 약 9~11개월 정도이다.
④ 주요 생산 국가는 베트남, 인도네시아, 콜롬비아 등이다.

18. 건식법(Dry processing)으로 생산된 생두를 창고를 열어 계절풍을 쐬어 가공한 커피로 신맛은 적고 입에서의 느낌이 묵직하고 독특한 향을 느낄 수 있는 인도산 커피는?

① Old coffee ② Aged coffee
③ Monsooned coffee ④ Organic coffee

19. 다음에서 설명하는 아라비카 품종을 고르시오.

- 1931년 에티오피아에서 획득한 것을 1931~1932년도에 케냐로 보내게 되는데 그때 붙여진 품종
- 이후 탄자니아(1936년), 코스타리카(1953년)를 거쳐 파나마에 이식된 것

① SL28 ② 파카스(Pacas)
③ 게이샤(Geisha) ④ 세라(Cera)

20. 열대와 아열대지역으로 커피를 재배하기에 적합한 기후와 토양을 가지고 있는 커피벨트(Coffee belt) 혹은 커피존(Coffee zone)의 가장 정확한 범위는?

① 남위 30도~북위 30도 ② 남위 25도~북위 25도
③ 남위 20도~북위 25도 ④ 남위 25도~북위 20도

21. 다음은 아라비카종과 로부스타종에 관한 내용이다. 잘못된 것은?

① 아라비카종은 로부스타종에 비해 상대적으로 병충해에 약하다.
② 아라비카종의 적정 경작 고도는 800m 이상이나 로부스타종은 고도와 상관없이 경작될 수 있다.
③ 아라비카종은 연간 약 15~24℃를 유지해야 재배될 수 있다.
④ 아라비카종은 주로 원두커피용으로 사용되며, 로부스타종은 인스턴트, 캔 커피용으로 사용된다.

22. 그늘 경작법(Shading)에 대한 설명 중 틀린 것은?

① 이 경작 방법으로 생산된 원두를 '셰이드 그로운 커피(Shade-grown coffee)' 라고 한다.
② 키 큰 나무의 그늘을 이용하여 커피나무의 일조시간을 줄여줌으로써 생두의 밀도를 높여준다.
③ 커피나무에 그늘을 만들어 주기 위해 심는 나무를 셰이드 트리(Shade tree)라고 한다.
④ 브라질이 이 경작 방법을 사용하여 커피를 재배하는 대표적인 나라이다.

3 커피 재배

23. 다음 커피 재배에 관한 내용 중 옳지 않은 것은?

① 커피의 성장에는 유기질이 풍부한 화산성 토양이 적당하다.
② 커피 씨앗이 발아하는 데는 보통 몇 주일 걸린다.
③ 커피는 발아율을 높이기 위해 재배지에 직접 파종한 후 성장시켜 열매를 수확하는 방법을 주로 사용한다.
④ 발아 후 6~18개월 경과한 시점에 건강 상태가 양호한 나무들을 골라 재배할 곳에 옮겨 심는다.

24. 커피나무의 경작에 보편적으로 이용되고 있는 방법은?

① 직파(直播) ② 조직배양
③ 접목(Grafting) ④ 파치먼트 파종

25. 커피의 번식방법에 대한 설명이다. 사실과 다르게 설명된 것을 고르시오.

① 커피의 파종은 주로 파치먼트(Parchment) 상태로 이루어진다.
② 커피를 파종하여 묘목으로 키우는 곳을 묘포(Nursery)라고 부른다.
③ 커피의 번식은 씨앗에 의한 방법만 가능하며 접목이나 꺾꽂이 등의 무성생식은 불가능하다.
④ 묘포(Nursery)에서 일정 기간 키운 후 경작지에 이식하는 방법을 주로 사용한다.

26. 커피나무가 이 병에 걸리면 수확량이 감소하고 성장이 방해되어 나무가 죽을 수 있으며, 현재까지 알려진 커피 질병 중 패해가 가장 큰 것으로 보고되고 있다. 이에 관련되는 질병은 아래의 어느 것인가?

① Coffee Berry Disease ② Coffee Leaf Rust
③ Coffee Ringspot Virus ④ Coffee Wilt Disease

27. 커피 수분(Pollination)에 대한 아래 설명 중 올바르지 않게 묘사된 것은?

① 아라비카종은 주로 자가 수분(Self-pollination)을 한다.
② 개화는 이삼일이면 끝나게 된다.
③ 수분은 주로 곤충에 의해 이루어진다.
④ 강한 비, 바람은 수분을 방해하는 주된 원인이 된다.

28. 커피의 생육조건에 관한 내용 중 옳은 것은?

① 커피는 열대식물이므로 일조량이 많을수록 잘 자란다.
② 커피벨트 내의 지역이 아니라면 커피를 재배하는 것은 불가능하다.
③ 아라비카종과 로부스타종의 재배환경은 동일하다.
④ 커피나무의 경제적인 수령은 일반적으로 30년 정도다.

29. 커피나무의 재배와 관련된 내용이다. 옳지 않은 것은?

① 일반적으로 파치먼트 상태의 씨앗을 묘판에 심거나 땅에 직접 파종 후 약 1~2개월이 지나면 발아한다.
② 묘목은 약 3년이 지난 후 꽃이 피고 열매를 맺으며 주로 건기 후 비가 오면 꽃이 피고 꽃이 떨어진 자리에서 열매가 자란다.
③ 커피종자를 개량하는 목적은 단위면적당 생산량을 많이 얻으려 병충해에 강한 품종을 개발하기 위해서이다.
④ 커피나무 재배에 적합한 토양은 유기성의 풍부한 화산석회질로 물이 잘 배출되지 않는 토양이 적합하다.

30. 커피 재배 농가의 삶의 질을 개선하고 수질과 토양, 생물다양성을 보호하며 장기적인 관점에서 안정적으로 커피를 생산하는 시스템을 ( )라 한다.

① 유기농 커피(Organic coffee) ② 공정 무역 커피(Fair trade coffee)
③ 지속가능 커피(Sustainable coffee) ④ 셰이딩 커피(Shading coffee)

31. 다음 중 지속가능 커피(Sustainable coffee)의 실천방안과 관계 없는 것은?

① 유기농 커피(Organic coffee)
② 공정무역 커피(Fair Trade coffee)
③ 셰이딩 커피(Shading coffee)
④ 에코 커피(Eco coffee)

32. 다음 지문의 (   )에 가장 적합하게 기술된 것을 고르시오.

커피의 재배는 기후, 고도, 토양 등 여러 조건이 적합해야 하는데 그 중 커피의 생육에 가장 치명적인 영향을 끼치는 것은 (   )이며, 또한 생두를 보관할 때도 여러 조건이 충족되어야 하는데 가장 중요한 요인은 (   )이고 로스팅을 하고 난 후 보관하는 경우 (   )가(이) 가장 커피의 산패를 가속시킨다.

① 강수량, 온도, 습도
② 서리, 온도, 산소
③ 강수량, 습도, 온도
④ 서리, 습도, 산소

4 커피의 수확과 가공

33. 커피체리의 수확 방법에 대한 설명 중 틀린 것은?

① 커피체리를 따는 대표적인 방법은 핸드 피킹(Hand-picking) 방식과 스트리핑(Stripping) 방식이 있다.
② 커피체리의 수확은 이른 아침이나 늦은 오후에 주로 이루어진다.
③ 기계에 의한 수확은 주로 브라질에서 사용된다.
④ 북반구에 위치한 나라들의 수확기는 대체로 6~10월 사이가 주 수확기이다.

34. 커피체리를 수확하는 방법 중 핸드 피킹(Hand-picking)에 대한 설명이 틀린 것은?

① 내추럴 커피나 로부스타 커피를 생산하는 지역에서 주로 사용하는 수확 방법이다.
② 한 그루 커피나무에 여러 번 반복해서 수확하므로 인건비 부담이 크다.
③ 잘 익은 체리만을 골라서 수확하는 방법이다.
④ 주로 기계를 이용한 수확이 불가능한 지역에서 이용하는 방법이다.

35. 커피체리를 수확하는 방법 중 스트리핑(Stripping) 방식에 대한 설명이 틀린 것은?

① 핸드 피킹(Hand-picking) 방식에 비해 인건비 부담이 적다.
② 나뭇잎, 나뭇가지 등의 이물질이 섞일 가능성이 크다.
③ 워시드 커피(Washed coffee)를 생산하는 지역에서 주로 사용하는 수확 방법이다.
④ 가장 중요한 것은 수확시기 결정이다.

36. 커피체리를 수확한 후 펄퍼(Pulper)를 통해 과육을 제거하는 과정을 펄핑(Pulping)이라고 하는데 다음 중 사용되는 펄퍼의 종류에 해당되지 않는 것은?

① 디스크 펄퍼(Disc pulper)
② 로터리 펄퍼(Rotary puler)
③ 스크린 펄퍼(Screen pulper)
④ 드럼 펄퍼(Drum pulper)

37. 커피체리 100kg을 수확한 후 모든 가공과정을 다 거친 뒤 최종적으로 얻을 수 있는 생두(Green coffee)는 대략 어느 정도인가?

① 내추럴 커피 30kg, 워시드 커피 30kg
② 내추럴 커피 20kg, 워시드 커피 30kg
③ 내추럴 커피 30kg, 워시드 커피 20kg
④ 내추럴 커피 20kg, 워시드 커피 20kg

38. 건식법(Dry processing)을 이용한 체리의 가공 과정에 대하여 틀리게 설명한 것은?

① 주로 로부스타 커피의 가공에 많이 사용된다.
② 수확한 체리를 건조장에서 넓게 펴고, 수분이 일정 수준 이하가 될 때까지 건조시킨다.
③ 건조에 소요되는 일수는 파치먼트 건조와 비슷하다.
④ 건조과정 중 부패를 방지하기 위하여 매일 여러 번 뒤섞어야 한다.

39. 생두 가공방법 중 건식법에 대한 설명으로 옳지 않은 내용은 다음 중 어느 것인가?

① 체리를 수확한 후 껍질을 제거하지 않은 열매 상태로 건조한다.
② 건식법을 사용하는 대표적인 생산국은 콜롬비아이다.

③ 건식법에 의해 생산된 커피를 내추럴 커피(Natyral coffee)라 하며 바디(Body)가 풍부하고 단맛이 좋다.
④ 습도가 높은 생산국에서는 건조작업 시 발효될 가능성이 높아 사용할 수 없는 가공법이다.

40. **커피 가공과정에 관한 설명 중 옳지 않은 것은?**

① 습식 커피의 수확 후 가공 순서는 과육제거(Pulping) → 세척(Washing) → 발효(Fermentation) → 건조(Drying) → 탈곡(Hulling)이다.
② 발효 과정은 커피의 점액질(Mucilage)을 파치먼트로부터 제거하기 위한 과정이다.
③ 물로 씻어낸 커피를 건조하는 과정은 햇볕에 말리는 방식과 기계를 이용하여 건조하는 방식이 있다.
④ 건조가 끝난 파치먼트는 미생물이 증식하기 어려운 상태인 12%대의 수분 함량을 가지게 된다.

41. **습식법(Wet processing) 공정 순서가 바른 것은?**

① 수확→분리→과육제거→발효→건조→세척→탈곡→선별→포장→보관
② 수확→분리→과육제거→건조→발효→세척→탈곡→선별→포장→보관
③ 수확→분리→과육제거→세척→발효→건조→탈곡→선별→포장→보관
④ 수확→분리→과육제거→발효→세척→건조→탈곡→선별→포장→보관

42. **커피체리에서 생두를 분리하는 방법 중 습식법(Wet processing)에만 있는 공정(Process)은?**

① 건조 ② 선별
③ 탈곡 ④ 발효

43. **다음의 건조과정에 대한 설명으로 틀린 것은?**

① 파치먼트나 체리를 건조시키는 장소를 파티오(Patio)라고 하는데 콘크리트, 아스팔트, 배수가 잘 되는 흙으로 만들어진다.
② 테이블 드라이(Table dry) 방식은 통풍이 잘 되고 오염을 막을 수 있으나 노동력을 많이 필요로 한다.
③ 균일한 건조가 이루어지도록 파치먼트나 체리를 자주 뒤집어 주는 것이 중요하다.
④ 파치먼트는 체리에 비해 갈퀴질을 좀 더 부드럽게 해주어야 한다.

44. 다음은 커피 가공방식에 대한 설명으로 올바른 것은?

> 커피체리 수확 후 껍질을 제거하여 곧바로 건조시켜 커피의 점액질이 그대로 생두에 흡수되어 풍부한 단맛을 형성하게 하는 가공방법을 ( )(이)라 하며 주로 ( )에서 사용하는 방법으로 생산량이 늘고 있는 가공법이다.

① 펄프드 내추럴, 인도네시아　② 펄프드 내추럴, 브라질
③ 세미 워시드, 인도네시아　④ 건식법, 브라질

45. 커피 가공과정 이 순서대로 올바른 것은?

① Cleaning → Hulling → Grading　② Hulling → Cleaning → Grading
③ Hulling → Grading → Cleaning　④ Cleaning → Grading → Hulling

생두의 분류/평가

46. 나라에 따라 생두 등급을 책정하는 기준이 다르다. 다음 중 그 기준에 해당되지 않는 것은?

① 재배 고도　② 생두 크기
③ 결점두 수　④ 생두 수분함량

47. 생두의 크기는 스크린 사이즈(Screen size)로 표시되는데 스크린 사이즈 1은 ( )인치이므로 스크린 사이즈 18은 약 ( )mm이다. ( )에 올바른 것은?

① 1/44, 9.2　② 1/54, 7.2
③ 1/64, 7.2　④ 1/74, 6.2

48. 결점두(Defect bean)에 대한 아래 설명 중 올바르지 않은 것은?

① 생두 중에 결함이 있는 생두를 말한다.
② 결점두는 수확에서 보관까지 전 과정에서 발생할 수 있다.
③ 로스팅(Roasting)과 맛에 좋지 않은 영향을 주는 생두이다.
④ 결점두의 종류와 명칭은 국제적으로 통일된 기준을 사용한다.

49. 다음 중 ( )에 올바르게 기술된 것을 고르시오.

Specialty Grade라 함은 생두 ( )g 중 결점수 ( ) 이하이며 원두 ( )g에 퀘이커(Quaker)가 ( )개 이내인 커피를 말한다.

① 350, 5, 100, 0　② 350, 5, 200, 0
③ 300, 5, 100, 1　④ 300, 8, 100, 1

50. 커피 생두(뉴 크롭)의 일반적인 수분함량은?

① 8%　② 10%
③ 12%　④ 14%

51. 커피 생두에 대한 설명 중 적합하지 않은 것은?

① 좋은 생두일수록 향이 풍부하며 갈색 빛을 띤다.
② 품종에 따라 수확량과 시기가 매우 다양하다.
③ 커피 체리 하나에 가끔 얻는 한 개의 동그란 생두를 피베리(Peaberry)라고 한다.
④ 일반적으로 갓 가공한 커피 생두는 청록색을 띨수록 품질이 우수하다.

52. 다음 중 분류 기준이 다른 세 가지와 다른 것은?

① 니어 크롭(Near crop)　② 뉴 크롭(New crop)
③ 패스트 크롭(Past crop)　④ 올드 크롭(Old crop)

53. 생두의 밀도에 대한 설명 중 옳게 설명한 것은?

① 밀도가 높을수록 커피의 맛과 향이 풍부하다.
② 생두 크기가 클수록 밀도가 높다.
③ 고지대에서 재배된 커피나무는 저밀도의 생두를 생산한다.
④ 생두의 밀도가 높을수록 일반적으로 로스팅(Roasting)은 쉬워진다.

54. 커피 생두 '브라질 산토스 No. 2'에서 No. 2의 뜻은?

① 산토스 : 생산지역, No. 2 : 콩의 크기
② 산토스 : 생산지역, No. 2 : 결점수에 의한 등급
③ 산토스 : 수출 항구, No. 2 : 콩의 크기
④ 산토스 : 수출 항구, No. 2 : 결점수에 의한 등급

55. 나라는 작지만 양질의 커피를 생산하는 커피 재배국으로서 커피재배의 최적의 조건인 화산암이 잘 발달되어 있다. 대개 습식법을 사용하고, 고급으로 평가되는 커피로는 '따라주(Tarrazu)'를 꼽을 수 있다. 특히 로부스타 품종의 재배가 법적으로 금지된 곳이기도 한 이 나라의 이름은?

① 코스타리카 ② 엘살바도르
③ 니카라과 ④ 과테말라

6 디카페인/우유

56. 카페인이 제거된 디카페인 커피(Decaffeinated coffee)를 최초로 개발한 나라는 어디인가?

① 독일 ② 미국
③ 브라질 ④ 일본

57. 다음은 디카페인 커피의 제조과정을 설명한 내용인데, 어떤 종류의 추출법을 설명한 것인가?

- 추출속도가 빨라 회수 카페인의 순수도가 높다.
- 가장 많이 사용되는 디카페인 커피의 제조 과정이다.
- 용매가 직접 생두에 닿지 않아 안전하고 경제적인 방법이다.

① 초임계 추출법 ② 물 추출법
③ 증류 추출법 ④ 용매 추출법

58. 커피 생산국마다 수확 기준 일자가 달라 통계자료에 혼동이 있을 수 있으므로 ICO에서는 Coffee year를 정해 산정일자를 통일시키고 있다. 다음 중 Coffee year의 산정 기준 일자는?

① 1월 1일 ② 4월 1일
③ 7월 1일 ④ 10월 1일

59. 나폴레옹이 즐겨 마셨던 음료로 유명하며 환상적인 연출이 가능한 브랜디(Brandy)를 이용한 커피메뉴는?

① 카페 로열 ② 아이리시 커피
③ 블랙 러시안 ④ 카페 알렉산더

60. 우리나라에서는 '비엔나 커피'라고 부르며, 오스트리아에서 유래된 커피의 이름은?

① 카푸치노(Cappuccino) ② 멜랑쥬(Melange)
③ 브라우너(Brauner) ④ 아인슈패너(Einspanner)

61. 스팀을 이용하여 우유 거품(Foamed milk)을 만들 때 거품을 형성하는 우유의 가장 중요한 성분은?

① 지방 ② 단백질
③ 칼슘 ④ 비타민

62. 우유를 마시면 간혹 소화가 잘 되지 않아서 고통을 동반하는 경우가 있다. 이와 같은 현상은 우유 중의 어떤 성분에 의한 것일까?

① 카제인 ② 유당
③ 지질 ④ 무기질

63. 우유를 40℃ 이상으로 가열할 때 생성되는 표면의 얇은 피막의 주성분은 무엇인가?

① 카제인 ② 베타-락토글로불린
③ 알파-락트알부민 ④ 칼슘

커피와 건강/위생

64. 다음 중 커피가 인체에 미치는 영향이 아닌 것은?

① 중추신경계를 자극하여 정신을 맑게 한다.
② 심장 박동 수를 감소시켜 진정의 효과를 나타낸다.

③ 이뇨제의 역할을 하여 소변의 양을 증가시킨다.
④ 위를 자극하여 위액의 분비를 촉진시킨다.

65. 커피가 건강에 미치는 효과를 틀리게 설명한 것은?

① 커피에는 체내의 지방을 분해하는 다이어트 촉진 효과가 있다.
② 카페인은 스트레스를 감소시키는 효과가 있다.
③ 커피는 아로마테라피(향기치료)로 활용될 수 있다.
④ 커피는 활성산소 증가 효과가 있다.

66. 일반 세균이 번식하기 쉬운 온도는?

① 0~25℃ ② 10~25℃
③ 25~37℃ ④ 37℃ 이상

67. 다음 항목 중 바리스타의 창의성을 가장 요하는 항목은 무엇인가?

① 가니쉬(Garnish) ② 부재료 선택
③ 커피 선택 ④ 글라스 선택

68. 커피전문점의 경영차원에서 '해피 아워(Happy hour)'를 올바르게 설명한 것은?

① 사은 특별행사 ② 여흥의 시간대
③ 가격할인 시간대 ④ 영업시간 이외의 시간대

8 로스팅의 특성

69. 생두를 로스팅할 때 발생하는 일반적인 현상이 아닌 것은?

① 부피의 증가 ② 수분의 감소
③ 중량의 감소 ④ 향기의 감소

70. 로스팅 후 원두에서 가장 많이 발생하는 가스는?

① 질소(N_2) ② 이산화탄소(CO_2)
③ 산소(O_2) ④ 일산화탄소(CO)

71. 다음은 로스팅에 관한 내용이다. 바르게 설명한 것은 무엇인가?

① 추출될 수 있도록 생두에 열을 가해 세포조직을 분해 · 파괴하여 여러 가지 성분을 발현시키는 과정이다.
② 로스팅이 진행됨에 따라 진한 갈색에서 연한 갈색으로 변화하며, 맛과 향도 달라진다.
③ 라이트 로스트(Light roast)는 가장 강하게 로스팅된 상태를 말하며, 맛이 매우 강해 에스프레소와 카푸치노 배리에이션에 사용하고 있다.
④ 로스팅 과정에서 열에 의해 조직이 팽창되어 부피가 3~4배 증가한다.

72. 로스팅 정도와 그에 따른 향미의 설명이 잘못 짝지어진 것은?

① Cinnamon roast : 달콤한 맛과 중후함이 강하고 신맛은 약하다.
② Light roast : 신맛이 강하고 중후함과 향기는 약하다.
③ Italian roast : 맛이 아주 강하며, 쓴맛이 강조된다.
④ Ful-city roast : 중후함과 향기가 좋으며, 신맛은 약하다.

73. 로스팅에 의해 원두 세포벽의 파열이 발생하며, 원두 내부의 지방이 흘러나와 표면에 스며 나오는 현상을 볼 수 있는 로스팅 단계는 어느 것인가?

① 라이트 로스트 ② 미디엄 로스트
③ 시나몬 로스트 ④ 이탈리안 로스트

74. 커피 로스팅 방식에 따른 로스팅 머신 분류로 맞지 않은 것은?

① 직화식 ② 열풍식
③ 반열풍식 ④ 자연건조식

75. 커피를 로스팅할 때 기본적인 세 단계에 속하지 않는 것은?

① 건조(Dry) ② 열분해(Pyrolysis)
③ 냉각(Cooling) ④ 포장(Packing)

76. 수망(手網) 로스터를 이용하여 생두를 로스팅하려 한다. 차례대로 올바르게 나열한 것은?

가. 생두에 골고루 열을 전달하기 위해서 상하좌우 입체적으로 흔든다. 나. 신속히 냉각시킨다. 다. 원하는 포인트 이전에 화력을 조절하고 포인트에 도달하면 불을 꺼준다. 라. 생두를 핸드 픽(Hand pick) 하여 결점두를 제거한다.

① 가 – 나 – 다 – 라 ② 가 – 다 – 나 – 라
③ 라 – 가 – 다 – 나 ④ 라 – 다 – 가 – 나

77. 커피 로스팅 시 생두에 열을 가하는 방식에 따라 로스팅방식이 결정된다. 생두에 열을 전달하는 열원의 종류에 해당하지 않는 것은?

① 대류에 의한 열 ② 복사에 의한 열
③ 전도에 의한 열 ④ 자외선에 의한 열

9 커피의 추출 조건/방식

78. 다음은 커피 추출의 3대 원리이다. 순서가 올바른 것은?

① 용해 → 침투 → 분리 ② 침투 → 용해 → 분리
③ 분리 → 침투 → 용해 ④ 용해 → 분리 → 침투

79. 커피의 가용성분 중 실제로 커피에 추출된 비율을 무엇이라 하는가?

① 추정 수율 ② 수용 비율
③ 추출 수율 ④ 가용 수율

80. 원두의 보관 방법 중 가장 옳은 것은?

① 원두는 항상 냉동보관하는 것이 좋다.
② 냉동 보관된 원두는 추출 시 바로 사용해야 한다.
③ 원두를 밀봉 또는 진공 용기를 사용하여 공기 접촉을 최소화한다.
④ 원두는 냉동보다 냉장보관하는 것이 좋다.

81. 한 잔의 에스프레소를 추출하기 위한 기준으로 다음 중 틀린 것은?

① 분쇄된 커피의 양 : 7±1.0g
② 추출하는 물의 온도 : 70±5℃
③ 추출 압력 : 9±1bar
④ 추출시간 : 25±5초

82. 에스프레소에 관한 내용 중 올바르지 않은 것은?

① 에스프레소는 원두에 뜨거운 물을 통과시켜서 만든 진한 원액으로, 강한 압력을 이용해서 힘 있게 커피가루를 눌러주는 원리를 이용한다.
② 90~95℃의 온도와 중력의 8~10배의 높은 압력의 물이 약 20~30초 동안 분쇄된 원두를 통과하여 추출된다.
③ 그라인더(Grinder)에서 분쇄된 커피를 필터홀더에 담게 되면 커피가 한쪽으로 치우치므로 수평이 되게 한다.
④ 에스프레소 커피 분쇄 원리는 고(高)농도의 향미 성분을 빠르게 추출하는 것이 목적이므로 다른 추출법보다 분쇄입도를 굵게 하는 편이 바람직하다.

83. 가동 중인 기계의 필터홀더(Filter holder) 보관 방법 중 적당한 것은?

① 그룹에 장착한 상태로 보관한다.
② 기계 위에 올려놓는다.
③ 컵 받침대에 그냥 둔다.
④ 깨끗한 테이블 위에 올려놓는다.

84. 다음 중 가장 이상적인 에스프레소의 추출은?

① 1oz의 에스프레소를 9기압으로 25~29초 동안 추출하였다.
② 진한 맛을 즐기기 위하여 10g 정도의 원두를 아주 가늘게 갈고 11기압으로 추출하였다.
③ 더욱 신맛을 즐기기 위하여 강하게 탬핑 후 30~35초 정도로 추출하였다.
④ 더욱 풍부한 크레마를 즐기기 위해 5~6g 정도의 원두로 17~18초 추출하였다.

85. 에스프레소 추출 전 '물 흘려보내기' 동작에 대한 내용 중 틀린 것은?

① 그룹 헤드에 묻어 있을 수 있는 찌꺼기를 제거하기 위한 동작이다.
② 머신의 정상 작동 여부를 확인하는 동작이다.
③ 과열되어 있을 수 있는 추출수를 제거하기 위한 동작이다.
④ 드립 트레이(Drip tray)를 씻어내어 잔 밑 부분의 청결을 유지하기 위한 동작이다.

86. 에스프레소 커피를 이용하여 만들어진 메뉴이다. 이때 데미타세에 제공될 수 없는 커피 메뉴는 무엇인가?

① 카페 리스트레또(Caffe Ristretto) ② 카페 라테(Caffe Latte)
③ 카페 꼰 빠나 (Caffe con Panna) ④ 카페 마끼아또(Caffe Macchiato)

87. 다음의 메뉴 중 얼음을 이용한 차가운 메뉴는?

① 카푸치노 프레도(Cappuccino Freddo)
② 도피오(Doppio)
③ 카페 코레또(Caffe Correto)
④ 캐러멜 마끼아또(Caramel Macchiato)

88. 다음 중 블렌딩을 하는 이유가 아닌 것은?

① 새로운 맛과 향을 창조하기 위해 ② 차별화된 커피를 만들기 위해
③ 커피 원가를 낮추기 위해 ④ 단종 커피의 특성을 최대한 살리기 위해

10 에스프레소 추출

89. 에스프레소의 맛의 특징이 아닌 것은?

① 긴 여운 ② 부드러운 감촉
③ 강한 바디 ④ 지속적인 쓴맛

90. 크레마(Crema)로 에스프레소를 시각적으로 평가할 때 체크 포인트가 아닌 것은?

① 크레마의 컬러 ② 크레마의 지속력
③ 크레마의 두께 ④ 크레마의 온도

91. 에스프레소 추출 시 크레마를 통한 비교가 틀리게 짝지어진 것은?

① 크레마의 색상이 빨리 옅어진다 – 추출 시간이 너무 빠르다
② 크레마의 색상이 빨리 옅어진다 – 온도가 낮은 물을 사용하여 추출

③ 크레마가 없다 – 신선하지 않은 오래된 원두 사용

④ 크레마의 색상이 빨리 진해진다 – 기준량 이하의 원두 사용

92. 에스프레소 추출 시 과소추출(Under extraction)의 결과에 해당되는 현상은?

① 짙은 갈색 띠가 3~4mm 정도 형성된다.

② 거품의 입자가 매우 미세하며 곱다.

③ 크레마의 거품이 빠르게 사라진다.

④ 향기롭고 진한 감칠맛이 난다.

93. 에스프레소 추출 시 추출액 위에 덮이는 황금색 거품으로 커피의 아교질과 지방질 성분으로 이루어진 것을 무엇이라고 하는가?

① 카라콜리로 ② 데미타세

③ 도피오 ④ 크레마

94. 카푸치노를 만들 때 사용되는 우유거품(Foamed milk)의 적절한 온도는 몇 도 정도인가?

① 65~70℃ ② 50~55℃

③ 75~80℃ ④ 90℃ 이상

95. 다음 중 음료의 양이 가장 적은 것은?

① 라테 마끼아또(Latte Macchiato) ② 캐러멜 라테(Caramel Latte)

③ 아메리카노(Americano) ④ 카페 꼰 빠나(Caffe con Panna)

96. 에스프레소 베이스 커피의 명칭이다. '이탈리아 사람들이 즐겨 마시는 적은 양의 에스프레소'(20mL 이하)를 무엇이라 하는가?

① 도피오(Doppio) ② 리스트레또(Ristretto)

③ 룽고(Lungo) ④ 카페 라테(Caffe Latte)

97. 리스트레또(Rristretto)에 대한 설명 중 맞는 것은?

① 이탈리아 사람들이 즐겨 마시는 적은 양의 에스프레소

② 양이 많은(약 50~60mL) 에스프레소

③ 에스프레소를 추출하여 그 위에 생크림을 한 스푼 얹은 것

④ 에스프레소를 추출하여 그 위에 신선한 레몬 껍질을 올려준 것

98. 에스프레소 베이스 커피의 명칭이다. '스팀밀크의 곱고 끈끈한 형태의 실키 폼(Silky foam)이 포인트인 커피'를 무엇이라 하는가?

① 도피오(Doppio) ② 리스트레또(Ristretto)
③ 룽고(Lungo) ④ 카푸치노(Cappuccino)

99. 다음의 메뉴 중 얼음을 이용한 차가운 메뉴는?

① 카푸치노 프레도(Cappuccino Freddo)
② 도피오(Doppio)
③ 카페 코레또(Caffe Correto)
④ 캐러멜 마끼아또(Caramel Macchiato)

100. 다음 중 성격이 다른 하나는?

① 리스트레또(Ristretto) ② 카페 라테(Caffe Latte)
③ 룽고(Lungo) ④ 도피오(Doppio)

1. 커피식물학
1.① 2.④ 3.② 4.④ 5.③ 6.① 7.① 8.① 9.③ 10.④ 11.②

2. 커피품종
12.④ 13.③ 14.④ 15.④ 16.③ 17.③ 18.③ 19.③ 20.② 21.② 22.④

3. 커피재배
23.③ 24.④ 25.③ 26.② 27.③ 28.④ 29.④ 30.③ 31.④ 32.④

4. 커피의 수확과 가공
33.④ 34.① 35.③ 36.② 37.④ 38.③ 39.② 40.① 41.④ 42.④ 43.① 44.② 45.①

5. 생두의 분류/평가
46.④ 47.③ 48.④ 49.① 50.③ 51.① 52.① 53.① 54.④ 55.①

6. 디카페인/우유
56.① 57.② 58.④ 59.① 60.④ 61.② 62.② 63.②

7. 커피와 건강/위생
64.② 65.④ 66.③ 67.① 68.③

8. 로스팅의 특성
69.④ 70.② 71.① 72.① 73.④ 74.④ 75.④ 76.③ 77.④

9. 커피의 추출조건
78.② 79.③ 80.③ 81.② 82.④ 83.① 84.① 85.④ 86.② 87.① 88.④

10. 에스프레소 추출
89.④ 90.④ 91.④ 92.③ 93.④ 94.① 95.④ 96.② 97.① 98.④ 99.① 100.②

COFFEE
KAHVIPUU
CANTATA

부록

커피 용어
커피 국가별 등급 분류
커피와 어울리는 음식
커피 예절

COFFEE
CANTATA

부록

커피 용어

【ㄱ】

가스 치환 포장(gas flush packaging)

밀봉포장 중에서 공기를 빼내고 대신 질소, 이산화탄소와 같은 불활성 가스로 치환하여 포장하는 방법. 포장재는 가스투과성이 작은 것이 사용된다.

가압포장(Pressurized package)

이탈리아 커피 제조회사에서 개발한 향기포장. 안전 밸브가 부착된 금속제 용기에 로스팅된 커피를 넣고 질소치환하면서 공기를 방출시킨 다음 질소를 다시 충전하여 약 0.5기압의 입력을 가하여 포장하는 방법.

가압포장을 하면 15일쯤 후 숙성 효과가 일어나므로 에스프레소의 향기와 중후함이 향상된다고 하며, 압력을 가해 충진한 질소가 분쇄 커피의 휘발성 향기 성분을 입자 속에 고정시키므로 향기 손실을 억제한다고 한다.

가압 추출법(Pressed Extraction)

2~10기압의 뜨거운 물이 압력을 가하여 커피층을 통과시켜서 커피 액이 용해되어 나오게 하는 방법(ex : 에스프레소)

※ 커피 추출 방법에 따른 분류 : 1) 달임법(Decoction), 2) 우려내기(Infusion), 3) 여과법(Brewing), 4) 가압 추출법(Pressed Extraction), 5) 진공 여과 추출방식(vacuum filtration) 이렇게 5가지가 있다.

갈변반응(Suger-browning)

① **캐러멜화**(Caramelization)

당을 가열할 때 생두에 5~10% 포함되어 있는 Sucrose의 캐러멜화

② **마이야르반응**(Maillad Reaction)

비효소적 갈변반응으로 생두를 로스팅할 때 생두에 포함되어 있는 미량의 아미노기(Amino group)와 환원당인 카보닐기(Carbonyl group)와 작용하여 갈색의 중합체인 멜라노이딘(Melanoidine)을 만드는 반응이다.

③ **클로로겐산**(Chlorogenic acid)**에 의한 갈변**

고분자의 갈색색소는 Chlorogenic acid류와 단백질 및 다당류와의 반응으로 형성된다.

※ 커피향기 생성원인에 의한 분류(효소작용, 갈변반응, 건류반응)

강배전(Dark roast=French roast)

원두표면에 오일이 배어나와 윤기가 나며 초콜릿 색을 띤다. 신맛은 많이 줄어든다. 원두의 향은 풍부해지며, 바디가 강해지고 쓴맛과 단맛이 조화롭다.

개스킷(Gasket)

커피 추출 시 고압의 물이 새지 않도록 차단하는 역할을 한다.

건류반응에 의한 향기(Dry distillation by-products)

생두에 있는 섬유질의 건류(Dry distillation : 연소)반응에 의해 생성, 이종 환상화합물, 질소화합물, 탄환수소화합물로 구성된다. Turpeny(송진향), Spicy(향신료향), Carbony(탄향)으로 나뉜다.

※ 건류(dry distillation) : 공기를 차단한 상태에서 고체 유기물을 강하게 가열하여 고체에 포함된 성분이나 열분해로 생성된 성분이 빠져나가고 탄소질의 잔유물만을 얻는 조작이다.

※ 커피향기 생성원인에 의한 분류 : 효소작용, 갈변반응, 건류반응

건조방식

① **자연건조방식**(Natural Coffee)

가장 전통적인 가공 방식이다. 체리를 수확하여 물로 가볍게 세척한 후 체리를 분리하지 않고 넓은 땅에 펼쳐놓고 말린다. 체리의 과육이 생두에 흡수되어 단맛과 바디감이 수세식 건조방식보다 풍부하다.

② **수세식 건조방식 : 세척방식**(Washed Coffee)

체리의 껍질과 과육을 벗겨 내고 파치먼트 상태에서 건조하는 방식이다. 파치먼트는 얇고 깨지기 쉬워 손상되었을 경우 생두 품질에 안 좋은 영향을 미칠 수 있다. 체리 껍질을 제거하면 과육이 남는다. 세척을 하면서 과육을 제거한다.

세척을 하고 과육이 벗겨지고 파치먼트 상태로 되면서 발효되는 과정에서 깨끗한 맛을 얻게 된다. 수세식 건조방식(세척방식)은 향과 신맛이 수세식 건조방식보다 강하다.

수분 함량이 11~13%가 될 때까지 넓은 땅이나 그물에 두고 건조하거나 건조 기계에 말리기도 한다.

③ **세미워시드 방식**(Semi-washed Coffe)

브라질에서 사용하는 방식이다. 체리를 수확한 뒤 물로 가볍게 세척한 뒤 기계로 껍질과 과육을 모두 벗겨내고 파치먼트 상태로 넓은 땅이나 그물에 두고 수분이 11~13%가 될 때까지 건조한다. 깔끔한 맛을 얻을 수 있다.

④ **펄프드 내추럴 방식**(Pulped Natural Coffee)

브라질에서 사용하는 방식이다. 체리를 수확 후 물에 가볍게 씻고 껍질은 분리 과육이 남아 있는 파치먼트를 넓은 땅이나 그물망에 올려놓고 11~13%가 될 때까지 건조한다. 자연건조방식보다는 바디나 단맛이 덜하지만 향이 풍부하다.

건식법(Dry processing)

체리를 수확 후 펄프를 제거하지 않고 체리 상태로 건조시키는 방법으로 건식법으로 생산된 커피를 Natural coffee라고 한다. ≠습식법

게오르그 콜쉬츠키(Georg Kolschitzky)

비엔나 커피하우스의 역사를 연 인물이다.

결점두(Defect Bean)

가공과정에서 대부분이 발생되며 보관상태에 따라서도 나타난다. 커피의 맛과 향에 나쁜 영향을 미친다. 로스팅하기 전 핸드픽(Hand-Picked : 손으로 결점두를 골라내는 것)을 하여야 커피의 질이 떨어지지 않는다.

■ 결점두의 종류

결점두 종류	원인/특징	영향
Black Bean	수확이 늦은 경우 수확 과정 중 땅에 떨어져 오랫동안 흙과 접촉하여 발효된 상태/생두 표면이 검은 색을 띠고 주름이 있다.	불쾌한 신맛과 떫고 시큼한 맛
Sour Bean	늦은 수확으로 너무 익어버린 체리, 흙과의 접촉으로 과발효, 발효탱크에 오래 방치한 경우/생두 표면이 적갈색을 띠고 있다.	불쾌한 신맛과 떫고 시큼한 맛
Dried Cherry =Dry Pod/Pods	잘못된 펄핑 또는 탈곡 과정 불량	발효된 불쾌한 맛
Unripe Bean= Immature Bean	익지 않은 상태에서 수확/은피 색깔이 옅은 노랑색을 띠거나 그린색에 가깝다.	강한 신맛과 떫은맛
Insect Damage Bean	벌레(Hypothenemous Hampey)가 원인, 벌레가 파먹은 경우/생두표면에 작은 구멍이 있음	타르 맛과 불쾌한 쓴맛
Broken Chipped/Broken Bean=Cut	건조 과정에서 깨진 경우, 잘못 조절된 장비, 과도한 마찰력, 불안정한 선별/생두가 깨진 상태, Shell에서 분리된 생두 조각	탄맛과 쓴맛의 원인
Parchment Bean	잘못된 탈곡 과정이 원인/자연건조방식보다 수세식 가공 시 많이 나타나며, 건조된 파치먼트가 쌓여 있는 상태	맛에 미치는 영향 없음
Shell	잘못된 선별, 잘못된 탈곡/유전적 원인, 잘못된 가공 과정	탄맛과 쓴맛의 원인

결점두 종류	원인/특징	영향
Withered Bean	발육기간 동안 수분 부족	맛에 미치는 영향 없음
Hull/Husk	잘못된 선별, 잘못된 탈곡/자연건조 방식에서 주로 발생, 껍질이 분리되지 않음	불쾌한 쓴맛
Fungus Damaged	곰팡이 발생/보관상태 불량	불쾌한 냄새와 불쾌한 맛
Stones/Earth Clods	잘못된 수확	맛에 미치는 영향 없음
Twing	크고 작은 나무가지가 혼합된 상태	맛에 미치는 영향 없음

■ **결손률**(Imperfections)=**결점두 수에 따른 등급**(Grade)

등급(Grade)	결점두 수
G-1	0~3
G-2	4~12
G-3	13~25
G-4	20~45
G-5	46~100
G-6	101~153
G-7	154~340
G-8	340 이상

※ 에티오피아 분류법
G-1~G-4 = U.G.Q(Usual Good Quality)등급
G-7~G-8 = 수출금지등급

계량스푼

커피의 양을 측정하는 스푼
8g~12g

고도에 따른 분류

"과테말라, 온두라스, 멕시코, 코스타리카"와 같은 고지대에서 생산된 생두를 높은 등급의 생두로 분류한다.

분류	재배 고도	약어
Strictly Hard Bean	1,600~1,700m	SHB
Fancy Hard Bean	1,500~1,600m	
Hard Bean	1,350~1,500m	HB
Semi Hard Bean	1,200~1,350m	SH
Extra Prime Washed	1,000~1,200m	

분류	재배 고도	약어
Prime Washed	850~1,000m	
Extra Good Washed	700~850m	
Good Washed	700m	

고노(Kono) **드리퍼**

원추형 드리퍼, 추출구 1개, 지름 약 1.4cm, 추출속도가 빠르다.

과소추출(under extraction)

원두분쇄 정도(입자) - 분쇄 입자가 너무 굵은 경우
커피 투입량 - 커피 투입량이 너무 적은 경우
물의 온도 - 너무 낮은 온도인 경우
추출시간 - 추출시간이 너무 짧은 경우
바스켓 필터 - 구멍이 너무 큰 경우

과다추출(over extraction)

원두분쇄 정도(입자) - 분쇄 입자가 너무 가는 경우
커피 투입량 - 커피 투입량이 너무 많은 경우
물의 온도 - 너무 높은 온도인 경우
추출시간 - 추출시간이 너무 긴 경우
바스켓 필터 - 구멍이 막힌 경우

관능평가=(컵 테스트 : Cup-test, 커핑테스트 : Cupping Test)

관능평가의 세 단계 - 후각(Olfaction), 미각(Gustation), 촉각(Mouthfeel)

그늘경작법(Shading)

커피의 경작법, 키 큰나무의 그늘을 이용하여 커피나무의 일조시간을 줄여줌으로 생두의 밀도를 높여준다.
커피나무에 그늘을 만들어주기 위하여 심는 나무를 셰이드 트리(Shade tree)라고 하며, 그늘경작법으로 생산된 원두를 셰이드 그로운 커피(Shade-grown Coffe)라 한다.

그라인더(Macinadosatori : 마치나도자또리)

에스프레소 4M 중 두번째, 커피를 분쇄하는 도구
※ 에스프레소 4M 블렌딩 : Miscela(미셀라), 그라인더(Macinadosatori : 마치나도자또리), 커피기계(Macchina : 마끼나), 바리스타의 손(Mano : 마노)
그라인더의 구성 - 호퍼(Hopper), 그라인더 모터(Moter), 그라인더 날(Blad), 도저(Dose)

그린빈(green bean)=생두

생두는 실버스킨(Silverskin)이라는 은색의 얇은 막이 둘러싸고 있으며, 다시 파치먼트(Parchment=껍질)가 감싼다. 파치먼트 상태의 생두를 심으면 싹이 난다.

그룹헤드(Group head)

에스프레소의 추출을 위해 물이 공급되는 부분, 포터필더를 장착하는 곳이다.

【ㄴ】

넉 박스(Knock Box)

에스프레소 추출 후 발생한 커피 찌꺼기를 버리는 통이다.

뉴욕 커피거래소(NYBT)

커피 생두의 국제 거래가 이루어지는 곳으로 현물과 선물, 옵션 거래도 일반적이다. 뉴욕 거래소에서는 결점두 수에 따라 Class 1~Class 5까지 등급을 책정하기도 한다.

뉴크롭(New Crop)

수확한지 1년이 경과하지 않은 생두, 생두의 색은 Blue Green, Green이다.

※ 생두의 기간별 분류방법 – 뉴크롭(New Crop), 패스트 크롭(Past Crop), 올드 크롭(Old Crop)

노즈(Nose)

마시면서 느끼는 향. 커피를 마시게 되면 커피가 입안에 있는 공기와 만나 액체 중 일부가 기화가 되는데, 이런 과정에서 커피의 맛이 느껴지면서 코에서도 향을 느낄 수 있다.

캐러멜향(Caramelly), Nutty(볶은 견과류 향), Malty(볶은 곡류향)

※ 부케(Bouquet : 커피의 전체적인 향)의 구성 – 프레이그런스(Fragrance), 아로마(Aroma), 노즈(Nose), 에프터테이스트(Aftertaste)

【ㄷ】

달임법(Decoction)

끓는 물에 커피 가루를 넣고 짧은 시간 동안 끓인 후 커피를 침전시켜서 마시는 방법(ex : 터키식 커피)

댐퍼(Damper)

로스팅 과정 중 화력 조절과 드럼 내부의 공기의 흐름과 열량, 기압을 조절하는 장치이다. 댐퍼를 열고 닫음으로 드럼 내부의 온도를 조절한다. 탬퍼를 열 때 드럼 내부의 온도가 떨어지지 않게 주의가 필요하다.

■ **댐퍼 개폐 여부에 따른 맛의 변화**

댐퍼 개폐 여부	맛의 변화
열기	전체적으로 깔끔한 느낌, 가벼운 맛, 바디감 감소
닫기	무거운 느낌, 텁텁한 맛, 스모키한 느낌, 바디감 상승

더치커피(Dutch Coffee)=워터드립(Water Drip)

핸드드립과 같이 추출방법은 여과법이다. 찬물로 장시간(6시간~12시간가량) 추출하는 방법으로 카페인이 적은 디카페인 커피이다. 원두의 분쇄 정도, 원두의 양, 추출 시간에 따라 맛이 달라진다.

데미타세(Demitasse)

에스프레소잔을 데미타세라 부른다. 데미타세의 용량은 60~70ml(약 2oz). 재질은 도자기로 온도가 오래 유지된다. 잔의 안쪽은 U자로 에스프레소를 부을 때 튀지 않도록 만들어졌다.

도저(Dose)

에스프레소를 추출하기 위해 분쇄된 원두를 보관하고 계량하여 필터홀더에 담아주는 역할을 하는 곳이다.

원두조절레버 : 도저조절핀을 이용하여 조절레버를 시계방향으로 돌리면 양이 줄고 시계반대방향으로 돌리면 양이 늘어난다.

도저레버를 당기면 시계방향으로 돌아가면서 원두가 아래로 떨어진다. 빠르게 앞으로 당긴 후 놓아주면 리턴 스프링에 의해 자동으로 복귀된다.

도징(Dosing)

그라인더로 커피를 분쇄하여, 도저의 배출레버를 당겨 일정한 양의 커피를 담는 과정이다.

도징챔버(Dozing chamber)

분쇄 커피통

도피오(Doppio)=더블에스프레소(Double espresso), 투샷(Two shot), 더블샷(Double shot)

에스프레소 메뉴로 25~30초 이내에 에스프레소 2샷(60ml)을 추출한다. 1샷=30ml

드립(Drip) or 핸드드립(Hand-Drip)

더치와 같이 여과법 추출 방법이다. 드리퍼에 종이필터를 밀착한 뒤 분쇄된 커피를 담고 드립 서버 위에 올려 놓은 뒤 92℃가량의 뜨거운 물로 여과하여 추출하는 추출법이다. 필터의 종류에 따라 융(천) 소재의 필터인 경우 융드립으로 나뉜다.

※ 핸드드립의 도구 - 드리퍼, 종이필터(여과지), 계량스푼, 서버, 드립포트, 스톱워치, 온도계

드리퍼(Dripper)

필터(여과지)를 올려놓고 분쇄된 커피를 추출하는 도구이다. 드리퍼의 재질에 따라 플라스틱 드리퍼, 도자기 드리퍼, 동 드리퍼, 융드리퍼로 구분하며, 드리퍼 브랜드에 따라 메리타, 칼리타, 고노, 하리오로 구분한다.

드리퍼 리브(Dripper rib)

드리퍼 내부의 요철을 뜻하며, 드립 시 물을 부었을때 공기가 빠져나가는 통로 역할을 해 준다.

드라이드 체리(Dried Cherry/Pods)

결점두이며, 말 그대로 건조된 체리이다. 외피가 벗겨지지 않은 체 건조된다. 잘못된 탈곡 또는 잘못된 펄핑으로 발생되며, 발효된 불쾌한 맛을 내는 원인이 되기도 한다.

드립서버(Drip server)

드리퍼 아래 놓고 추출된 커피를 받는 용기이다. 서버에 눈금이 있어 추출되는 커피의 양과 농도를 확인할 수 있다. 용기의 재질은 플라스틱과 유리가 있으나 유리재질이 온도를 오래 유지를 할 수 있다.

드립포트(Drip pot)

뜨거운 물을 담아 드립 시 사용하는 포트이다. 포트 주둥이가 S자 형태로 주입부 앞부분이 좁다.

디카페인 커피(Decaffeinated coffee)

커피의 카페인 함류량이 생두인 경우 0.1%이며, 커피 추출 시 0.3%가 초과되지 않은 커피이다(유럽연합 EC 규정).

카페인이 제거된 커피로, 1819년 독일의 화학자 룽게에 의해 카페인 제거 기술이 최초 개발되었으며, 1903년 로셀리우스(Ludwig Roselius)가 상업적인 카페인 제거 기술을 완성하였다.

디카페인 추출 방법에 따른 분류

1. 용매추출법

벤젠, 디클로로 메탄, 트리클로로 에틸렌, 클로로포름 등의 유기 용매제로 추출하

는 방벙으로, 안정성 문제와 낮은 비등점, 용매제거의 어려움 등 문제점이 있다. 97~99%의 카페인이 제거된다.

2. 물 추출법

생두에 물을 통과하여 카페인을 제거하는 방법으로 추출속도가 빨라 회수되는 카페인의 순도가 높으며, 유기 용매가 직접 생두에 닫지 않아 안전성이 있으며 경제적이어서 가장 많이 이용되는 방법이다.

3. 초임계 추출법

초임계 상태에서 CO_2는 액체 상태가 되며, 생두에 침투되어서 카페인이 제거되는 방법, 유해 물질의 잔류에 대한 염려가 없으며, 카페인만 선택적으로 추출이 가능하나, 설비에 비용이 많이 든다는 단점이 있다. 카페인 함량은 0.02% 이하로 조절된다.

【ㄹ】

라테 아트(Latte art)

라테(Latte)란 이탈리아어로 우유(Milk)를 뜻한다. 그리고 아트(Art)는 인간의 창조활동을 뜻하는 것으로 커피에 디자인을 접목시킨 것이 라테 아트이다.

레귤러커피(Regulay Coffee)

어떠한 인공적인, 인위적인 가공을 하지 않은 순수한 커피를 뜻한다.

로부스타(Robusta)

커피의 품종은 카네포라(Canephora), 원산지는 콩고이며, 병충해에 강하다. 향미가 약하고 쓴맛이 강하다. 고도 700m 이하에서 재배하며, 적정강수량은 2,000~3,000 mm이다. 카페인 함량 2~4%가량이며, 주요생산국은 베트남, 인도, 인도네시아 등이다.

로스터(Roaster)

초기 커피는 아라비아 지역에서 원시적인 방법으로 로스팅을 하여 커피를 음용하기 시작하였다. 초기에는 1670년대 이르러 네덜란드에서 작은 구멍을 여러 군데 뚫어 만든 드럼 형태로 발명되었으며, 현재 주로 이용되는 드럼로스터(Drum Roaster)는 1860년대 미국 번스사와 독일 에머리히사가 개발하였다.

로스터의 종류	특징	구조
드럼로스터 (Drum Roaster)	가장 많이 이용되는 로스터로 드럼 안에 커피 생두를 넣으면, 회전을 하면서 드럼 안의 가열된 공기가 순환되면서 균일하게 볶인 콩이 냉각판으로 떨어져 냉각판에 의해 식히는 방식의 로스터이다.	연소기(burner) 회전식 이중 드럼 실린더 (double-walled rotary drum cylinder) 채프 사이클론(Chaff Cyclone) 냉각판(Cooling car) 재연소 장치(After-burner) 제어판(Control paner)
유동층 로스터 (Fluidized-bed Roaster)	커피콩 하나 하나를 가열된 공기 중에서 자유로이 움직이는 상태로 볶는 로스터. 열교환 효과가 높아서 볶는데 시간이 짧게 걸린다.	저장용기, 연소기, 로스팅실, 냉각실, 볶은 커피를 저장하는 저장용기, 집진기로 구성됨
고밀도 로스터 (Packed-bed Roaster)	로스터 내의 커피콩이 드럼의 벽을 따라 고밀도층(packed-bed)을 형성하면서 이동, 저온의 공기가 고밀도층을 빠른 속도로 통과하는 형태로 로스팅된다.	-
가정용 로스터 (Home Roaster)	가정용 로스터의 경우 열풍식 로스터로 비교적 짧은 시간에 로스팅되며 이용하기 편리하나 균일하게 볶여지기 어렵다.	-

로스팅(Roasting)

로스팅은 커피의 맛과 향을 표현하는 과정으로 생두가 열에 의해 원두의 색상, 향미, 맛, 성분 등이 형성이 된다. 로스팅 과정 시, 커피의 수분 함량은 적어지고 내부가 팽창해 생두가 벌어지면서 커피의 고유한 향을 발산하게 된다. 또한 수분의 함량이 적어져 중량은 감소하고, 내부가 팽창하면서 부피는 증가, 밀도는 감소한다.

로스팅(Roasting) 단계별 분류

1. SCAA 분류

밝기	#95	#85	#75	#65	#55	#45	#35	#25
로스팅 정도	Very Light	Light	Moderately Light	Light Medium	Medium	Moderately Dark	Dark	Very Dark

로스팅 정도	특징
Very Light	가장 약하게 볶인 상태, 연한 갈색, 신맛, 향 바디는 없다.
Light	약하게 볶은 상태, 밝은 갈색, 신맛
Moderately Light	갈색, 강한 신맛
Light Medium	진한 갈색, 신맛은 조금 약해지고 바디가 나타나는 시점
Medium	초콜릿색, 신맛은 거의 사라짐
Moderately Dark	짙은 초콜릿 색, 단맛이 생기고 원두 표면에 오일이 묻어 나온다.

로스팅 정도	특징
Dark	밝은 검은색, 바디가 강해진다. 원두 표면에 오일이 많이 드러난다.
Very Dark	짙은 검은색 바디감이 줄어든다. 단맛이 줄고, 쓴맛이 강해진다.

2. 일본의 분류

명도(L값)	30.2	27.3	24.2	21.5	18.5	16.8	15.5	14.2
로스팅 정도	Light	Cinnamon	Medium	High	City	Full-City	French	Italian

로스팅 정도	특징
Light	아주 연한 갈색, 풋내가 난다. 신맛
Cinnamon	옅은 갈색, 신맛이 강하기 시작되며 원두가 건조해진다.
Medium	갈색, 신맛이 강하다.
High	밝은 갈색, 신맛이 약해진다.
City	진한 갈색, 신맛은 거의 사라지고 단맛이 나타난다. 오일이 묻어나온다.
Full-City	초콜릿색, 단맛과 바디가 강해진다. 원두표면에 오일이 많이 들어난다.
French	진한 초콜릿색, 바디가 강해진다.
Italian	검은색, 바디감은 줄고 쓴맛이 나타난다.

로제타(Rosetta) **라테**

라테 아트의 메뉴로 나무잎 모양의 라테 아트이다.

루이지 베제라(Luigi Bezzera)

1901년 이탈리아 밀라노에서 증기압을 이용한 커피추출기구인 에스프레소 머신을 출원하였다.

리베리카(Liberica)**종**

아라비카(Arabica), 로부스타(Robusta : Canephora)종과 함께 커피의 3대 원종이다. 아프리카의 라이베리아가 원산지이다. 향미가 떨어지고 쓴맛이 강하며, 생두의 크기도 작아 거의 재배를 하지 않고 있다.

세계의 주 산출국은 브라질, 콜롬비아, 에콰도르, 페루, 멕시코, 과테말라, 온두라스, 엘살바도르, 니카라구아, 코스타리카 등이다.

리베리카는 거의 생산되지 않아 일반적으로 아라비카에서 분류된 마일드(Mild)와 브라질(Brazil), 로브스타(Robusta)로 분리한다.

※ 마일드 : 예멘의 모카 커피를 비롯, 콜롬비아, 코스타리카, 멕시코, 에콰도르, 에디오피아, 베네쥬엘라에서 채택.

※ 브라질 : 세계 제일의 산출량(세계 총생산의 약 1/3)을 자랑하는 품종으로 원두 모양은 원형, 부드럽고 신맛이 강하다. 등급은 No.2~No.8까지로 나뉜다.

리스트레또(Ristretto)

에스프레소의 메뉴이다. 리스트레또는 이탈리아어로 '농축하다' 라는 뜻으로 추출시간을 짧게 하여 적은 양의 에스프레소를 단시간에 추출한 커피이다. 10~15초 동안 15~20ml 정도를 추출한다.

【ㅁ】

마라고지페(Maragogype)

아라비카의 품종. 1870년 브라질의 한 농장에서 발견된 티피카(Typica)종의 돌연변이종이다. 스크린 사이즈(Screen size) 20보다 큰 콩으로 나무의 키가 크고 생산성이 낮다.

마이야르 반응(Maillard reaction)

효소적 갈변화 반응, 캐러멜화(Caramelization)라고도 한다. 탄수화물을 가열하면 일어나는 반응이다. 아미노기와 카복실기가 반응하여 갈변화하는 비효소적 반응이다.
※ 갈변반응(Suger-browning) : 캐러멜화(Caramelization), 마이야르 반응(Maillad Reaction), 클로로겐산(Chlorogenic acid)에 의한 갈변

마일드(Mild)

아라비카(Arabica) 품종. 해발 600~2,000m로 높고 서늘한 곳에서 재배한다. 청록색이나 연녹색으로 크고 긴 타원형이며, 향기가 풍부하며 좋은 신맛과 단맛이 있다. 스트레이트 커피에 사용한다.

마타리(Mattari)

모카 마타리는 예멘의 수도 사나의 서쪽에 위치한 베니 마타르(Bani Matter)지방에서 생산되는 커피이다. 대부분 1,000~1,300m 정도의 고지대에서 자연적인 조건 아래 재배된다.
10~12월경 수확이 이루어지며, 자연건조 방식으로 가공되어 풍부한 단맛과 고급스러운 와인의 신맛이 조화로운 커피이다.

만델링(Mandheling)

인도네시아 수마트라섬 북부에서 재배된다. 산도가 높고 단맛과 쓴맛이 조화롭다.

말리부 커피(Malibu Coffee)

말리부(Malibu liqueur)를 이용한 칵테일 커피.

※ 말리부(Malibu liqueur) : 카리브해산의 코코넛, 바르바도스산 화이트 럼을 사용하여 만든 코코넛 향의 럼베이스 리큐르이다.

머신=커피기계(Macchina : 마끼나)

에스프레소 4M 중 하나이다.

■ 연도별 에스프레소 머신의 역사

연도	발명자(제작자)	특징
1855년	에드워드 로이셀 드 산타이스(Edourard Loysel de Santais)	1855년 파리 만국 박람회에서 처음 선보였다. 스팀의 압력을 이용하여 금속필터망을 통과하며 커피가 추출되는 구조이다.
1901년	루이지 베제라 (Luigi Bezzera)	이탈리아 밀라노에서 증기압을 이용 커피추출 그룹과 필터홀더를 통하여 한 잔씩의 에스프레소를 추출하는 기계를 발명, 특허출원했다.
1905년	데시데리오 파보니 (De Siderio Pabvoni)	베제라의 특허권을 받아 라 파보니(La Pabvoni)라는 자신의 상표로 좀 더 성능이 개선된 기계를 제작 판매하였다.
1909년	테라시오 아르두이노 (Teresio Arduino)	이탈리아 투랭에서 테라시오 아르두이노에 의해 조금 더 힘이 좋고 잘 정제된 에스프레소 커피를 만들 수 있는 기계를 선보였다. 기계의 이름은 아내의 이름을 따서 빅토리아 아르누이노(Victoria Arduino)라는 상표로 제작되었다. 라 파보니와 빅토리아 아르누이노는 1945년 새로운 원리가 개발되기 전인 1920년~1930년대까지 제작된 에스프레소 기계의 표본이 되었다.
1945년	아킬레 가지아 (Archille Gaggia)	이탈리아 밀라노에서 제작되었다. 에스프레소 기계의 역사상 가장 큰 발명 중의 하나인 피스톤그룹(스프링 레버와 핸드 레버)이 있는 에스프레소 기계로 지금과 같은 크레마가 발생되는 에스프레소가 추출되었다. 1948년 시판되었다. 이 기계의 특징은 수직형 원통의 기계를 수평형으로 변하였으며, 지금과 같이 9기압(bar)의 압력으로 추출되어 크레마가 생성되는 에스프레소가 인기를 끌었다.
1947년	카를로 에르네스토 발렌테 (Carlo Ernesto Valente)	가지아와 비슷한 피스톤그룹이 있는 기계를 제작했다. 훼이마의 초기 모델로 마트레(Matre) 1945로 9기압(bar)의 압력으로 추출하는 기기이다.
1960년	카를로 에르네스토 발렌테 (Carlo Ernesto Valente)	핸드레버를 없애고 전기의 힘을 이용하여 커피를 추출하는 새로운 방식의 에스프레소 머신이다. 최초로 보일러 속에 관통 튜브(Heat Exchanter)를 장착하여 찬물을 넣어도 뜨거운 물이 통과하며 커피가 추출되는 방식이 에스프레소 기계는 1961년에 시판되기 시작한 Faema E61(훼이마 E61)이다.
1990년	주세페 심발리 (Giuseppe Cimbali)	심바리(Cimbali) 브랜드명 LaCimbali는 이탈리노 밀라노 근처의 비나스코에 기반을 두고 있다. 1990년대 초 전자동으로 자동화된 에스프레소 머신을 개발(1991년 the Dolcevita®을 도입하였다. 1993년 M50 Dolcevita를 시판하였다. 그 후 1995년 훼이마(Faema)를 흡수 통합하여 현재 심바리/훼이마 그룹으로 정통있는 에스프레소 머신을 만드는 회사로 성장하였다.

※ 이탈리아 에스프레소 기계의 역사에서 대표적인 3가지 발명은 1901년 베제라의 증기압을 이용한 원동형 에스프레소 기계, 1945년 가지아의 핸드 레버식 기계, 1960년 발렌테의 전동 펌프식 기계 이렇게 3가지를 들 수 있다.

■ 에스프레소 머신의 종류

종류	특징
수동식 머신(Manual espresso machine)	전통적인 에스프레소 기계이다. 레버방식이며 사람의 힘으로 피스톤을 작동하여 추출하는 에스프레소 기계이다.
반자동 머신(Semi-automatic espresso machine)	탬핑 작업 후 추출하는 방식이다. 추출 버튼이 ON/OFF로 되어 있고 플로우 미터(Flow meter)가 없다.
자동 머신(Automatic espresso machine)	탬핑 작업 후 추출하는 방식이다. 기계에 메모리칩이 내장 물의 양을 자동으로 설정할 수 있다.
전자동 머신(Super/Fully automatic espresso machine)	그라인더가 내장되어 있어 별도 탬핑 작업 없이 메뉴 설정을 하여 작동하여 커피를 추출하는 방식이다.

■ 에스프레소 머신의 부품별 특징

부품	기능
보일러(Boiler)	열선이 내장되어 있어 물을 가열해 온수와 스팀을 공급하는 역할을 한다. 본체는 동 재질이며, 내부는 부식을 막기 위해 니켈로 도금이 되어 있다.
구룹 헤드(Group head)	에스프레소 추출을 위해 물이 공급되는 부분이며, 포터필터를 장착하는 곳이다.
개스킷(Gasket)	에스프레소 추출 시 고온 고압의 물이 새지 않도록 차단하는 역할을 한다.
샤워 홀더(Shower holder, Diffuser)	그룹헤드에서 한 줄기로 나온 물이 홀더를 지나면서 4~6개의 물줄기로 갈라져 필터 전체에 골고루 압력이 걸리도록 해 준다.
샤워 스크린(Shower/Dispersion screen)	샤워홀더를 통과한 물을 미세하고 수많은 물줄기로 분사시키는 역할을 한다.
포터필터(Porta Filter)	분쇄된 커피를 담아 탬핑 후 그룹 헤드에 장착시키는 기구이다.
펌프 모터(Pump Motor)	압력을 7~9(bar)까지 상승시켜주는 역할을 한다. 이곳에 이상이 생기면 물 공급이 제대로 안 되어 심한 소음이 나며, 압력이 올라가지 않게 된다.
솔레노이드 밸브(Solenoid Valve)	물의 흐름을 통제하는 부품이다. 보일러에 유입되는 찬물과 보일러에서 데워진 뜨거운 물의 추출울 조절하는 역할을 한다. 그룹헤드에 부착된 3극 솔레노이드 벨브는 커피 추출에 사용되는 물의 흐름을 통제한다.
플로우 미터(Flower meter)	커피의 물양을 감지해 주는 부품이다. 고장이 나면 커피 조절 물양이 제대로 조절되지 않는다.

메델린(Medellin)

콜롬비아 안티오퀴아(Colombia Antioquia)에서 재배한다.

※ MAM은 콜롬비아 커피 주요 산지인 메델린(Medellin), 아르메니아(Armenia), 마니잘레스(Manizales)의 이니셜이다.

멜라노이딘(Melanoidine)

환원당과 아미노산이 반응, 메일라드 반응(Maillard reaction)의 최종 산물이다.

메리타 드리퍼(MelittaDripper)

1908년 독일의 메리타 벤츠(Melitta Bentz) 부인이 발명한 종이필터 드리퍼로 초창기 드리퍼이다. 추출구는 한 개이며, 전체 폭이 약간 크고 카리타에 비해 경사가 가파르다. 메리타 아로마는 추출구가 바닥 면에서 약간 윗부분에 있어 드리퍼에 바닥면에 물이 고였다가 추출되기 때문에 추출수율이 높으나 과추출이 될 수 있는 단점이 있을 수 있다. 산뜻하고 부드러운 커피보다는 바디감이 강한 커피 추출에 더 유리할 수 있다.

모카(Mocha)

16~17세기경 예멘의 모카항을 통하여 유럽으로 수출되었는데, 예멘에서 생산된 커피를 총칭하여 모카라고 부르게 되었다(마타리, 사나니). 17~18세기 초에는 에티오피아, 서인도제도, 인도네시아에서 생산된 커피(만델링)도 모카라 부른다. 서인도 제도에서 재배된 커피는 예멘에서 종자를 가져간 것으로 맛과 향이 유사하여, 서인도제도에서 생산된 커피도 모카라 부르기도 한다. 또한 에티오피아 하라 커피는 체리 가공방식이 예멘의 커피와 동일하여 맛과 향이 유사하여 모카 커피라 불리기도 한다(하라, 시다모). 그리고 예멘 커피에서 느껴지는 커피 향이 초콜릿 향과 맛도 유사하여 초콜릿을 의미하는 단어로도 사용된다. 또한 에스프레소 베리에이션 커피 중 카페 모카는 커피에 초콜릿과 우유를 혼합한 음료를 지칭한다. 그리고 모카 포트(Mocha Pot)는 가정용 에스프레소 추출기구이다.

※ 참고로 모카의 철자도 Mocha, Mocca, Moca, Moka, Mokha, Macha 등 다양하게 쓰인다.

모카 포트(Mocha Pot)

가정용 에스프레소 추출기구로, 커피 가루를 필터에 넣고 아래층에 물을 넣고 불 위에 올려 놓고 물이 끓을 때 수증기의 압력(대기압에서 2~3기압)으로 커피를 추출하는 기구이다. 모카포트의 구성은 제일 상단에 포트탑, 중간에 바스켓, 하단에 베이스 세 부분으로 나뉜다.

몬순커피(Monsooned coffee)

인도몬순 말라바르(Malabar)AA이다. 건식 가공 커피를 습한 계절풍(Monsoon)에 노출시켜 숙성하여 만든다. 약간 쏘는 듯하며 바디가 많고 독특한 향을 가진다.

문도 노보(Mundo Novo)

아라비카 커피의 품종으로 1950년부터 브라질에서 재배가 시작되었으며, 신맛과 쓴맛이 조화롭고 신세계란 뜻을 지닌 품종이다. 버번(Burbon)종과 티피카(Typica)종의 자연 교배종이다. 환경 적응력이 높고 키가 크며 잎과 열매의 특성은 티피카와 버번의 중간 형태이다. 나무의 키가 큰 것이 단점이다.

미국 스페셜티 커피협회(SCAA : Specialty Coffee Association of America)

1982년 커피 전문가들이 모여 만들었으며, 현재 약 40개국 3,000여 명의 회원과 회원사를 가진 세계 최대의 커피무역협회로, 최근 브라질 등 여러 나라에서 SCAA 평가 기준에 따라 생두의 등급을 분류한다. 또한 커핑 테스트 평가 기준 및 커피 무역을 위한 품질 평가 기준 등 매뉴얼을 만든다.

※ 관련단체 : 월드 바리스타 챔피언십(World Barista Championship), 로스터스 길드(Roasters Guild : 매년 세계 커피 생산지에서 열리는 세미나), SCAA 박람회(SCAA Exposition)

미각(Gustation)

커피에는 기본적으로 신맛, 단맛, 쓴맛, 짠맛 4가지 맛이 있다.

※ 플레이버(Flavor : 향미)에 대한 관능평가(Sensory evalution)는 후각(Olfaction), 미각(Gustation), 촉각(Mouthfeel)의 세 단계로 나뉜다.

미분(微紛)

커피 분쇄 시 발생하는 아주 작은 입자로 물에 빨리 녹아 커피맛을 나쁘게 한다.

미성숙두(Immature Bean/Unripe Bean)

결점두

【ㅂ】

바디(Body)=촉각(Coffe Mouthfeel)

입안의 촉감으로, 커피를 마시는 과정에서 입안에서 느껴지는 커피맛의 무게감과 느껴지는 전체적인 촉감을 흔히 바디(budy)라고 한다.

바라스타(Barista)

이탈리아어로 바(Bar) 안에 있는 사람이란 뜻이다. 바리스타는 원하는 맛의 에스프레소의 추출과 좋은 원두의 선택, 기계에 대한 올바른 숙지, 그리고 고객의 입맛을 만족시켜줄 수 있는 서비스 관리의 능력을 갖춰야 한다.

바바 부단(Baba Budan)

인도 출신의 이슬람 승려로 예멘(Yemen) 모카에서 7개의 커피 씨앗을 몰래 밀반출하여 인도 마이소르(Mysore) 지역에 커피를 심게 되었으며, 커피 재배에 성공을 이뤄 예멘에 이어 커피를 경작한 나라가 되었다.

발효두(Sour bean)

결점두

배전=로스팅(Roasting)/로스트(Roast)

버번(Bourbon)

아라비카의 품종이다. 버번(Bourbon)섬(현 레위니옹 : Reunion섬)에서 발견된 품종이다. 콩은 작고 둥근 편이며, 수확량은 티피카(Typica)보다 20~30% 많다. 중미, 브라질, 케냐, 탄자니아 등지에서 주로 재배된다.

벨벳밀크

벨벳밀크란 말 그대로 벨벳과 같은 미세한 우유거품을 포함한 스팀밀크를 말하며, 이는 카푸치노를 구성하는데 가장 중요한 요소이다.

보일러(Boiler)

에스프레소 머신의 부품으로 물을 가열해 온수와 스팀을 공급하는 역할을 한다.

부카라망가(Bucaramanga)

콜롬비아(Colombia) 보고타에서 북쪽으로 300km 떨어진 해발고도 959m의 고원에 위치하며, 콜롬비아 커피 주요산지 중 한 곳이다.

분쇄(Grinding)

볶은 커피를 분쇄할 때 커피의 향기 성분을 최상으로 추출하기 위하여서는 분쇄의 정도, 분쇄 방법에 따라 달라질 수 있다. 커피의 분쇄 방법은 절삭(cutting)으로 분쇄하는 방법을 이용한다. 으깨어서(crushing) 분쇄하는 방법의 경우 분쇄 과정 중 열이 발생하여 탄내를 남기기 쉬우며 커피 향기 성분을 잃을 수 있다.

■ **분쇄 입자크기(Grinding Size) : 추출 방법에 따른 분쇄 입도**

	에스프레소	드립	프렌치 프레스	사이폰	모카포트	더치	터키식
원두분쇄 굵기	0.3mm 이하	0.5~1.0mm	1.0mm 이상	0.5mm	0.5mm	0.3mm	0.1mm

블라인드 바스켓(Blind basket)=**블라인드 필터**(Blind fiter)

구멍이 없는 필터 바스켓이며, 에스프레소 기계를 청소(세척)하는 기구이다.

1. 필터홀더의 필터 바스켓을 빼고 브라인더 바스켓으로 바꿔 끼워준다.
2. 필터 바스켓에 한 스푼 정도 청소 약품을 담고 그룹헤드에 끼운다.
3. 커피 추출 버튼을 눌러 약 10초 정도 기계를 가동시키면, 이때 물이 밖으로 빠져 나오지 못하고 역류시켜 그룹헤드에 맴돌면서 세척이 된다.
4. 깨끗한 물이 나올 때까지 커피 찌꺼기 물을 버려가며 반복한다.

블렌딩(Blending)

단종 커피의 특징을 이용하여 서로 혼합하여 새로운 맛과 향을 창조하는 것이다. 블렌딩을 하는 이유는 단종 커피의 단조로움을 보완하고 자신만의 새로운 맛과 향을 만들기 위해서이며, 상업적으로는 적은 단가로 좋은 맛과 향을 만들어내기 위해서이다. 블렌딩의 방법으로는 로스팅 전 블렌딩(Blending Before Roasting)과 로스팅 후 블렌딩(Blenbing After Roasting)이 있다.

블렌드 커피(Blend Coffee)

한 가지 이상의 원두를 조합하여 만든 것으로 원두 각각의 맛과 향이 조화로운 커피이다. ≠ 스트레이트 커피(=단종 커피) 한 가지의 원두로만 추출한 커피이다.

블루마운틴(Blue Mountain)

커피의 황제라 불리는 최고의 맛과 향을 낼 수 있는 커피로 자메이카에서 생산되는 최고의 커피이다. 자메이카 블루 마운틴 산맥의 고산지대에서 생산되는 커피로 카리브의 온화한 기후와 연중 고른 강수량과 비옥한 토양이 높은 밀도의 가장 이상적인 커피를 재배할 수 있는 환경에서 생산된 최고의 커피 중 하나이다.

【ㅅ】

사나니(Sanani)

아라비아 반도 남쪽 끝에 위치한 예멘은 고급아라비카 커피의 대명사인 모카(Mocha)커피의 고향이다. 예멘의 수도인 사나(Sana)지역에서 생산된 커피로 마타리와 함께 예멘의 대표적인 모카커피이다. 모카의 특징 중 하나는 초콜릿 향이 나는 것이 특징으로, 사나니는 초콜릿 향, 과일 향과 신맛이 균형있고 조화로운 것이 특징이다.

사이펀(Siphon : Syphon)

진공 여과 추출방식(vacuum filtration)으로, 증기의 압력과 진공 흡입원리를 이용하여 진공식 추출이라고 한다. 사이펀은 일본에서 통용되는 이름이며, 원래 정식 명칭은 배큐엄 브루워(Vacuum Brewer)이다.

사이펀의 구성은 상부 로트, 하부 플라스크(모두 유리재질), 필터, 아래의 열원(알코올램프, 할로겐램프, 가스스토브 등)으로 이루어져 있다.

산투스 No.2 엘도라도

브라질의 알도파라나이바와 모지아나에서 생산되는 섞은 커피이다. 크기는 스크린 사이즈(screen#18/19)이며, 조화로운 신맛과 쓴맛을 낸다.

산패

산패된 커피는, 커피의 향이 시간이 지남에 따라 산소와 결합 반응하여 산화되는 과정에서 산화된 커피를 말한다.

산패의 3단계는 증발(Evaporation) → 반응(Reaction) → 산화(Oxidation)이다.

산패 요인	산패 진행
산소	포장 내 소량의 산소만으로도 완전 산화된다.
수분	상대 습도가 100%일 때 3~4일, 50%일 때 7~8일, 0%일 때 3~4주부터 산패가 진행된다.
온도	온도 10℃ 상승 시마다 2.3배씩 향기 성분이 손실된다.
로스팅 정도	강한 로스팅일수록 약한 로스팅일 때보다 빨리 진행된다.
분쇄 입도	분쇄 상태의 커피는 원두보다 5배 빨리 산패가 진행된다.

산화칼륨(potassium oxide : K_2O)

커피의 짠맛을 나타내는 성분이다.

세척 방식(Washed Coffee)=습식법(Wet Processing)

커피 체리를 수확하여 껍질과 펄프(과육)을 벗겨내는 펄핑(pulping)을 한 후 파치먼트 상태에서 발효 12~36시간 이후 만져 보면 조약돌과 같은 느낌이 난다. 이후 수분 함량이 11~13%가 될 때까지 건조시킨다. 발효는 세척 방식의 핵심으로 발효되는 과정 중 깨끗한 맛과 과일 향을 얻게 된다.

세미 워시드 방식(Semi Washed)

체리를 수확하여 껍질과 과육을 제거 점액질까지 완전히 씻어내어 파치먼트 상태에서 건조하는 방식(펄프드 내추럴 방식과 함께 브라질에서 많이 사용하는 방식)이다.

생두

생두는 커피 체리에 2개가 서로 마주보고 있으며, 실버스킨(silverskin)과 파치먼트(parchment)가 감싸고 있다.

손탁 호텔(Sontag Hotel)

독일인 손탁 여사가 1902년 덕수궁 뒷편에 건립한 우리나라 최초의 커피하우스이다.

수프리모(supremo)

콜롬비아의 커피 분류 기준으로 생두 크기에 따라 나눈다. 수프리모는 스크린사이즈(Screen size) Screen#17 이상이다.

【ㅇ】

아메리카노(Americano)

에스프레소 메뉴, 에스프레소에 뜨거운 물을 넣어 추가하여 희석시킨 메뉴로 뜨거운 물이 맛을 부드럽게 해 준다.

아라비카(arabica 학명 : Coffea canephora L.)

원산지는 에티오피아이며, 연평균 기온 15~25℃, 해발 900~2,000m의 고지대에서 생산한다. 토양은 배수가 잘 되고 미네랄이 풍부한 화산지대 토양에서 잘 자란다. 녹병에 약하다. 규칙적인 비, 충분한 햇빛을 필요로 한다.

카페인 함량은 1~1.7% 정도이며, 품종은 버번(Bourbon), 타이피카(Typica)종이 가장 오래되고 많이 알려졌으며, 카투라(Catura), 카투아이(Catuai), 문도노보(Mundo Novo), 마라고지페(Maragogype), 카티모르(Catimor)종과 같이 변종도 생겨났다. 아라비카종은 마일드(mild)종과 브라질(brazil)종으로 나뉜다.

■ 아라비카종의 분류에 따른 주요생산지

분류	마일드	브라질
세척방식(Washed) 특급	콜롬비아, 하와이, 케냐, 탄자니아	-
세척방식(Washed) 1급	과테말라, 멕시코, 온두라스, 코스타리카, 니카라과, 도미니카, 에콰도르, 페루, 인도, 파푸아뉴기니	-
자연건조방식	에티오피아, 온두라스, 에콰도르, 페루, 도미니카	미나스, 파라나스, 리오스, 빅토리아

에스프레소(Espresso)

커피의 심장 에스프레소는 이탈리아에서는 카페(caffe)라 하며, 20~30ml 추출하는데, 20~30초 안에 9기압의 압력으로 빠른 시간에 추출하며, 데미타세(Demitasse)라 하는 에스프레소잔에 제공을 한다. 에스프레소 메뉴(Espresso menu)로는 도피오(Doppio), 리스트레또(Ristretto), 룽고(Lungo), 아메리카노(Americano)가 있으며, 베리에이션 메뉴(Variation menu)로 에스프레소 마끼아또(Espresso macchiato), 카페라테

(Caffe latte), 카푸치노(Cappuccino), 카페 꼰 빠나(Caffe con panna), 카페오레(Caffe au Lait), 카페모카(Caffe mocha), 카페 프레도(Caffe, Freddo)가 있다.

【ㅈ】

자메이카 블루마운틴(Jamaica Blue Mountain)

세계 3대 커피 중의 하나, 서늘한 기후와 빈번한 안개, 풍부한 강수량, 배수가 잘 되는 토양, 커피 재배에 천혜의 기후와 환경을 가지고 있어 최상의 커피가 재배된다. 재배고도는 600~2,000m이며, 해발 1,100m 이상에서 생산된 커피를 블루마운틴이라 하며, 해발 1,100m 이하에서 생산된 커피는 하이 마운틴(High Mountain)이라 한다. 또한, 마비스뱅크(Mavis Bank)에 있는 실버힐(Silver Hill), 모이홀(Moy Hall), 월렌포드(Wallenford)에서 생산된 커피를 블루마운틴이라 한다.

■ 블루마운틴의 등급

등급	특징
Blue Mountain	색깔은 푸른색을 띠며, Aroma와 Acidity, 단맛 등 조화로운 맛이다. No.1 = 스크린 사이즈 17이상　　No.2 = 스크린 사이즈 16 No.3 = 스크린 사이즈 15
Blue Mountain Valley	해발 1,100m 이하에서 생산, 역시 우수한 맛과 향을 지니고 있다.
High Mountain Supreme	고지대에서 생산된 커피로, 생두 모양이 고르다. 좋은 Aroma, Acidity, Body를 느낄 수 있다.
Prime Jamaica Type 1, Type 2	중지대에서 생산된 커피로 Aroma, Acidity, Body가 조화롭다.
Prime Jamaica Type 3, Type 4	위 등급보다 스크린사이즈가 작으며, 결점두가 발견된다.
Triage A, B	수출금지 등급이다.

자연 건조법(Natural processing)=건식법(Dry processing)

가장 전통적인 커피 가공 방식으로, 체리 상태의 커피를 땅에 펼쳐 놓고 햇빛에 건조시키는 가공 방식이다. 체리를 균일하게 건조하는 것이 가장 중요하며 제대로 건조되지 않은 체리는 건조 과정 중 썩게 되면 커피의 맛에 안 좋은 영향을 미친다. 자연 건조방식으로 가공하는 국가는, 브라질, 인도네시아, 에티오피아가 대표적이다.

자블럼(JBM : Jablum)

블루마운틴을 로스팅한 커피이다.

【ㅊ】

차광성(遮光性)

커피의 포장 재료가 갖추어야 할 4가지 조건 중 하나로 말 그대로 빛을 막는 성질을 가져야 한다. 보향성과 방기성, 방습성과 함께 커피의 포장 재료가 갖추어야 할 4가지 조건 중 하나이다.

초임계(超臨界 : supercritical) **추출법 → 디카페인 추출방법**

추출(抽出 : Brewing)

커피 추출은 '우려낸다. 추출한다' 라는 의미로 볶은 커피에 있는 가용성 성분을 최대한 좋은 향미 성분만 추출하는 것이다. 추출하는 방법은 크게 침지와 여과로 나뉘며, 우려내기, 달임법(=보일링), 반복여과추출, 여과추출, 진공여과추출, 가압여과추출 방식이 있다.

침지(浸漬 : infusion)

적시고 담근다는 뜻으로 커피가루를 보통의 물 혹은 뜨거운 물에 부어 우려내는 방식인 터키식 추출, 보일링 추출, 퍼컬레이터, 배큐엄 브루어(Vacuum Brewer)=사이펀(Siphon), 프렌치 프레스 추출법이 침지에 속한다.

【ㅋ】

카네포라종(Canephora)**=로부스타종**

19세기 말 콩고에서 발견, 아라비카종에 비해 병충해에 강하다. 700m 이하의 고도에서도 재배하고, 카페인 함량 2~4% 거칠고 쓴맛이 강하다. 인스턴트커피 제조에 사용된다. 인도, 베트남, 인도네시아, 우간다, 콩고, 카메룬, 코트디부아드, 마다카스카르 등에서 재배한다.

카라콜리로(Caracolillo)

커피 체리에 생두 하나만 들어있는 것으로 피베리(Peaberry)라고도 한다.

카투라(Catura)

브라질에서 발견됐으며, 버번의 돌연변이다. 녹병에 강하고, 커피의 크기는 작고 단단하다. 1937년부터 재배했으며, 레몬과 같은 상큼한 신맛을 느낄 수 있다.

카투아이(Catuai)

문도노보와 카투라의 교배종으로 병충해와 바람에 강하다. 생산기간이 10년으로 짧은 것이 단점이다.

카티모르(Catimor)

1959년 포루투칼에서 처음 시도된 품종으로 아라비카종 카투라와 로부스타종 티모르의 교배이다. 병충해에 강하고 생산성이 높고 동아프리카에서 재배되기 시작했다. 신맛과 함께 후미에 짠맛도 느낄 수 있다.

칼디(Kaldi)**의 전설**

커피의 발견설 중의 하나로 커피의 발견은 칼디, 마호메트, 오라르의 전설 등이 있으나 일반적으로 에티오피아 목동인 칼디(Kaldi)의 전설이 가장 널리 알려진 설이다.
"어느 날 칼디가 기르고 있는 염소들이 흥분하여 이리저리 뛰어다니더니 그날 밤 잠을 자지 못하는 것을 발견하였다. 염소들이 갑작스레 흥분하는 모습을 본 칼디는 그 뒤로 염소들이 주변에 있는 어떤 나무의 빨간 열매를 따 먹었을 때 이러한 현상이 일어난다는 것을 알게 되었고, 그 열매를 먹어 본 칼디는 자신도 신기하게 기분이 상쾌해짐을 느낄 수 있었다. 칼디는 이러한 사실을 가까운 이슬람 사원 승려에게 알렸고, 승려는 여러 가지 실험을 거쳐 그 빨간 열매에 잠을 쫓는 효과가 있음을 발견하였다."

칼리타(Kalita) **드리퍼**

메리타의 단점을 보완 일본에서 개발했으며, 추출구는 3개, 립은 드리퍼 끝까지 올라와 있다. 지름 약 0.5cm이며, 추출구가 메리타에 비해 많아 추출시간이 빠르다.

카페익산(Caffeic acid)

커피의 쓴 맛을 내는 성분이다.

카페인(Caffeine)

커피에 쓴 맛을 부여하는 알칼로이드 물질이다.

카파(Kaffa)

에티오피아 남서부에 위치한 지역으로 커피(Coffee)의 어원이다.

커피 주요 용어

커피 체리(coffee cherry) 과피와 과육을 제거하지 않은 붉은 색 커피 열매.
커피 콩(green bean/生豆) 커피 열매의 과육을 제거한 후 건조한 커피의 씨.
피베리(peaberry) 커피 열매 속의 씨가 하나로 성숙한 작은 커피 콩.
수세 가공(washed/wet) 커피 열매의 과육을 물로 씻어 가공하는 방법.

자연 가공(unwashed/dry) 커피 열매를 물을 쓰지 않고 건조 가공하는 방법.

은피와 내피(銀皮/內皮) 커피 열매 속의 커피 씨를 싸고 있는 바깥쪽 은색막을 은피(silver skin), 안쪽의 다갈색 막을 내피(parchment)라고 한다.

결점두(defects) 정상적이 아닌 커피 콩 검은 콩, 미숙 콩, 변질 콩, 쪼개진 콩, 곰팡이 콩과 콩 껍질, 돌, 줄기, 흙 등 이물질.

하드 빈(hard bean) 맛이 거친 하급 커피 콩.

소프트 빈(soft bean) 맛이 부드러운 상급 커피 콩.

볶은 통커피(roasted beans) 볶은 후 분쇄하지 않은 형태의 커피.

분쇄 커피(roast and ground coffee) 볶은 후 분쇄한 커피.

원두 커피(regular coffee) 볶은 커피의 별칭, 인스턴트 커피와 구별.

스페셜티 커피(specialty coffee) 독특한 향미 특성이 있는 고급 커피로 특별한 규격에 맞는 생두, 볶은 커피, 추출한 커피를 모두 포함한다.

커피맛 용어

Acidy 아라비카 커피의 특징적인 맛으로 산의 정도를 나타내며 단맛과 신맛의 상큼함을 느낄 수 있다.

Acrid 강한 신맛으로 시큼한 맛(Soury)이 변화되어 나타나는 불쾌한 산미로 쏘는 듯한 강한 신맛을 나타낸다.

Aftertaste 커피를 마신 후 입안에 남는 향미, 뒷맛으로 입안에서 느끼는 향미.

Aged 수확 후 오래 저장 시 묵은맛으로 커피의 상큼한 맛은 감소.

AA 아프리카에서 주로 사용하는 생두와 분류 등급. AA는 스크린 사이즈 17, 18로 가장 큰 생두 등급에 속한다. 수페리어(Superior)나 수프리모와 대략 비슷한 등급이다.

Balance 신맛, 단맛, 쓴맛의 여러 풍미의 복합적이고 균형적인 느낌.

Body 입안에 머금었을 때의 중량감이나 질감으로 물리적인 촉감.

Bitter 카페인 요액의 기본맛으로 혀 뒤쪽에서 느껴지는 쓴맛.

Bland 약하고 밋밋한 맛으로 특징적인 맛을 느낄 수 없는 상태.

Buttery 버터와 같이 바디가 가장 강하며 에스프레소에서 가장 많이 느낄 수 있다.

Bouquet 추출 커피의 전체 향기로 후각으로 느끼는 맛.

Brackish 염분이 섞인 맛으로 커피가 짜며 알칼리 맛을 내게 된다.

Briny 짠맛으로 염분이 많음.

Baked 향기 성분이 충분히 변화하지 않아 향이 날아간 평범한 풍미.

Burnt 탄 냄새.

Brew Time 추출 시 커피와 물이 접촉하는 시간.

Cupping 다양한 커피를 샘플의 맛을 체계적으로 평가하는 과정.

Crack 로스팅 도중 원두가 팽창하며 나는 소리 혹은 그 과정.

Caramelly 캐러멜과 같은 캔디나 시럽을 연상시키는 맛.

Chocolaty 초코세과 같은 향.

Clean 잡맛이 없는 깔끔한 맛.

Coffee Blossom 커피 꽃의 향.

Chemical 화학 약품향.

Complexity 복합적인 느낌의 향기 표현.

Coarse 거칠고 자극적인 향.

Creamy 신선한 크림 같은 중후감이 강한 상태의 촉감.

Delicate 혀끝에서 느껴지는 약한 단맛으로 섬세한 향.

Earthy 맛에서 흙냄새가 나는 결점.

Fermented 발효 냄새로 불쾌한 신맛을 남김.

Flat 향기 없는 상태로 거의 느낄 수 없는 상태를 표현.

Fragrance 볶은 커피 향기로 휘발성이 강함.

Fruity 감귤류나 베리류 같은 향을 나타내는 과일 향기.

Full 전체 향기를 나타내는 표현으로 향기가 풍부함.

Grassy 풀내로 건초와 같은 향미.

Green 풋내같은 건초 냄새가 나는 맛.

Harsh 자극적이며 쓰고 떫은 맛.

Herby 향기로운 채소와 같은 허브 향.

Heavy 추출 커피의 바디가 강한 상태.

Hard 자극적인 산미로 쏘는 신맛과 거친 맛을 나타냄.

Hidy 가죽냄새.

Insipid 추출커피에서 맛이나 향이 빠진 느낌.

Intensity 강도.

Light 연한, 가벼움의 맛.

Mellow 커피 특유의 달콤한 맛.

Musty(Moldy) 곰팡이 냄새.

Mild 부드러운 단맛.

New crop 수분함유량이 많은 생두.

Nose 추출된 커피를 마시면서 느끼는 향기.

Nutty 고소한 향기.

Rancid 강한 산패.

Rich 입안에 남는 향기의 강도.

Rounded 향기가 부드러움.

Rioy 커피에서 소독내 나는 결점.

Rough 커피의 자극적인 맛으로 거친 맛.

Rubbery 고무냄새.

Sharp 짠맛 성분에 의해서 느껴지는 자극적인 맛.

Smooth 지방 함량이 적을 때 느끼는 가벼운 중량감으로 Light와 비슷한 느낌.

Sour 혀 옆 뒤에서 느껴지는 신맛.

Sweet 단맛.

Soury 신맛과 떫은맛이 동시에 느껴짐.

Spicy 향신료 향.

Turpeny 커피를 마신 후 입안에서 느껴지는 송진 향같은 나쁜 뒷맛.

Thick 입에 머금었을 때의 진한 중량감

Tart 시고 자극적인 새콤한 와인 맛.

Thin 얕은 중량감.

Tipped 곡물 같은 맛.

Watery 커피 맛이 약하여 매우 묽은 맛.

Woody 불쾌한 나무 맛.

Wild 고르지 못한 거친 맛.

Weak 약하게 추출된 맛.

커피벨트(Coffee belt)

적도를 기준으로 남북위 25도 사이의 연 강수량 1,500mm 이상 열대 또는 아열대성 기후의 지역(예멘, 에티오피아, 케냐, 탄자니아, 쿠바, 자메이카, 도미티카, 브라질, 하와이, 멕시코, 과테말라, 엘살바도루, 코스타리카, 콜롬비아, 페루, 베트남, 인도네시아)이다.

커핑테스트(Cupping Test)=**컵 테스트**(Cup-test, 관능 평가)

커피 샘프의 향(Aroma)과 맛(Taste)의 특성을 체계적으로 평가하는 테스트이다.

※ SCAA커핑 테스트 평가항목 평가기준

1. Fragrance/Aroma

원두를 갈기 전 향을 Fragrance라고 부른다. 갈고 난 후 물을 만났을 때의 향을 Aroma라고 부른다.

평가기준 달콤 새콤한 경쾌한 향이 느껴질수록 10에 가깝고, 암모니아 냄새와 같이 발효된 듯한 안 좋은 1에 가깝다.

2. Acidity

커핑 스푼을 통해 커피 액이 입 안으로 들어갔을 때 혀에서 느껴지는 새콤한 맛이다.

평가기준 오렌지와 같이 상큼함이 느껴질 경우 10에 가깝고, 발효된 식초맛과 같다면 1에 가깝다.

3. Flavor

맛과 향의 종합적인 느낌이다. 맛과 향이 균형감이 있으면 10에 가까우며, 시큼한 맛이나 쓴맛이 두드러지거나, 향이 약할 경우 점수는 낮다.

4. Body

입안에서 느껴지는 중후한 맛이다. 원두의 오일(지방) 고형 침전물에 기인하는 커피 액의 질감으로 강하게 느껴지면 10, 약하게 느껴지면 1에 가깝다.

5. Aftertaste

커피액을 입 안에서 굴리면서 평가한 후 뱉은 다음 느껴지는 맛과 향에 대한 전체적인 느낌이다. "taste"라는 용어가 들어가 있어 맛에 대한 평가로 오인할 수 있다. 맛과 향의 조화로운 균현감이 느껴지면 10에 가까우며, 어느 한쪽으로 치우쳐 있다면 1에 가깝다.

6. Cupper's point

커피에 대한 평가자의 전체적인 견해는 전체적인 항목에서 좋은 점수를 받았다면 +5에 가까우며, 반대인 경우 -5에 가깝다.

7. Overall

각 항목의 점수를 합산한 다음 40을 더하여 나온 결과를 기록한다.

커퍼(Cupper)

커핑테스트를 전문적으로 수행하는 사람이다.

코페아(Coffea)

커피의 품종으로 다년생 상록 쌍떡잎 식물로 분류된다. 원산지는 아프리카와 에티오피아로 추정된다.

코피루왁(Kopi Luwark)

인도네시아 자바와 수마트라섬에서 사는 긴꼬리 사향 고양이 루왁의 배설물에서 채취한 커피이다. 루왁은 커피나무에서 잘 익은 체리를 먹는데 이때 소화과정을 거치면서 체리 과육은 소화되고 파치먼트에 둘러싼 생두는 소화되지 않고 배설된다. 소화과정을 거치면서 특유의 독특한 향을 내는 것이 특징이다.

콜롬비아 커피(Colombia Coffee)

콜롬비아 커피의 주요산지는 포파야(Popayan), 아르메니아(Armenia), 페레이라(Pereira), 마니잘레스(Manizales), 메델린(Medellin), 부카라망가(Bucaramanga) 등이 있다.

※ MAM는 메델린(Medellin), 아르메니아(Armenia), 마니잘레스(Manizales) 이 세 곳을 칭하는 명칭이다. 생두 사이즈에 따라 스크린 사이즈 17 이상(# 17)=슈프리모(Supremo), 스크린사이즈 14~16(#14~#16)=엑셀소(Excelso)로 나뉜다.

크기(생두의 크기 : Screen Size)

생두의 크기를 스크린사이즈라 하고 생두 크기를 측정하는 기구를 스크리너(Screener)라고 한다. 생두의 크기가 균일할수록 좋은 평가를 받는다. 생두의 크기가 균일하지 않으면 불규칙한 로스팅이 진행되어 커피의 맛과 향에 영향을 미친다.

크기에 따른 등급

■ 콜롬비아 분류법

등급	크기
Supremo	Screen Size 17 이상의 생두
Excelso	Screen Size 15 이상의 생두
U.G.Q.	Screen Size 14 미만의 생두

■ 케냐 분류법

등급	크기
AA	Screen Size 17~18
AB	Screen Size 15~16
C	Screen Size 14~15
E	Ears(가공 과정 중 체리안에 있는 두 개의 생두가 분리된 경우) large peaberry로 분류
이하 등급	TT, T, UG 등급으로 분류

크랙(Crack)

로스팅 단계의 물리적 변화이다.

1차 크랙은 생두 세포 내부의 수분이 증발되면서 내부압력에 의해 타닥타닥하는 소리가 나는데 이때가 발열반응의 시작이다. 신향이 발산되고 안정되면 바디는 점점 강해지기 시작한다.

2차 크랙은 주로 이산화탄소의 생성에 의한 팽창으로 발생한다. 발열 반응 중 마지막 단계로 원두의 조직이 최대한 팽창되면서 1차 크랙 때보다 강한 커피향이 난다. 커피의 성분 중 오일성분이 원두 표면으로 표출되어 원두에 윤기가 난다. 이때 커피의 단맛과 쓴맛이 조화롭게 나타난다.
2차 크랙 이후는 커피 표면의 오일성분이 타면서 숯처럼 되며 이때 커피의 향과 맛은 사라지게 된다.

크레마(Crema)

에스프레소 추출 시 붉은빛이 감도는 부드러운 커피 거품이다. 부드러운 감촉으로 커피의 쓴맛을 약화시키고 긴 여운을 남긴다. 에스프레소 평가 시 크레마의 두께와 칼라, 지속성이 체크포인트가 된다.

【ㅌ】

탄자니아(Tanzania)

킬리만자로산(Kilimanjaro Mt.)이 위치한 북동부 지역과 우간다와 인접하여 있고 빅토리아 호수(Lake of Victoria)와 아프리카에서 가장 깊은 탕가니카 호(Lake of Tanganyika)가 있는 북부, 중앙은 플래토, 동부해안은 매우 덥고 습하다. 커피는 아라비카(75%), 로부스타(25%)가량이 재배된다. 가공방식은 자연건조방식과 세척방식 모두 생산한다.
※ 모시 지역의 커피는 키보(Kibo)라고 불린다.

탬핑(tamping)

탬핑이란 필터 홀더에 넣은 커피를 탬퍼(Tamper)로 다지는 행위를 말한다. 탬핑에 큰 비중을 두지 않는 경우가 있으나 탬핑의 강도에 따라, 탬핑을 약하게 하면 좀 더 빨리 투과되고 너무 강하게 탬핑하면 천천히 투과되어 탬핑의 방법에 따라 커피 맛에 영향을 줄 수 있어 올바른 탬핑 방법이 중요할 수 있다.

탬퍼(Tamper)

탬핑을 하기 위한 기구이다.

터키식 커피(Turkish coffee)

가장 오래된 추출 기구인 이브릭(Ibrik), 체즈베(Cezve)로 여과하지 않고 커피를 달여 추출한다. 커피 입자는 에스프레소보다 더 가늘게 분쇄한다.

토라자(Toraja)

인도네시아 슬라웨시(Sulawesies) 지역의 커피로, 이전 셀레베스섬으로 불린 탓에

슬라웨시섬의 커피는 "셀레베스"라고도 불린다. 토라자는 인도네시아 슬라웨시섬의 토라자족 종족명을 딴 이름으로 결점두 수 1의 최고급 커피 중 하나이다.

트리플(triple)

에소프레소 커피 세 잔을 뽑는 것(75ml)을 말한다.

티피카(Typica)

아라비카 원종에 가까운 품종으로 생두는 긴 편이며, 좋은 향과 신맛을 가지고 있으나 녹병에 취약하다. 블루마운틴, 하와이 코나가 대표적인 티피카종이다.

【ㅍ】

파치먼트(Parchment)

생두를 감싸고 있는 껍질(내과피, Endocarp)이다.

패스트크롭(Past crop)

수확 가공한지 1년이 경과된 생두이다. 생두의 색은 Light Green, Greenish이다.
※ 생두의 기간별 분류방법 : 뉴크롭(New Crop), 패스트 크롭(Past Crop), 올드 크롭(Old Crop)

펄프(Pulp)

단맛이 나는 과육 부분(중과피, Mesocarp)이다.

퍼콜레이터(Percolator)

800년대 중반 시작된 추출 방법이다. 추출방법은 ① 커피는 필터에서 커피가루가 새지 않도록 거칠게 분쇄한다. ② 필터에 커피를 넣어준다. ③ 포트에 물을 넣어 끓이면 물이 파이프를 통하여 올라와 상부 필터로 순환하며 추출이 되는 방식이다. ④ 3~4분 뒤 불을 끄고 바스켓을 꺼낸 뒤 1분 정도 커피 분말이 가라앉으면 커피를 컵에 부어 마신다.

프레도(Freddo : Cafe Freddo)

일반적으로 아이스커피(Iced Coffee)를 말하며, 이탈리아에서는 카페 프레도(Cafe Freddo)가 아이스 커피이다. 프레도(Freddo)는 이탈리아어로 거품이 있는 아이스 음료를 말하며, 카페 프레도의 경우 커피와 얼음을 넣고 시럽을 셰이크에 넣어 흔들면, 거품이 있는 차가운 아이스커피(카페 프레도)가 완성된다.

【ㅎ】

핸드픽(Hand-Pick)

로스팅을 하기 전 손으로 결점두를 골라내는 작업을 말한다. 핸드픽을 하지 않고 로스팅을 하면, 결점두로 인하여 커피에 나쁜 향과 나쁜 맛을 내는 원인이 된다.

핸드 소팅(Hand Sorting)

생두에 포함된 결점두를 제거하는 작업이다.

향미(플레버 Flavor)

커피의 향기(Aroma)와 맛(Taste)의 복합적인 느낌이다.

홀빈(Whole been)

로스팅한 커피 원두를 홀빈이라 한다. = 배전두

커피 국가별 등급 분류

■생산지의 고도에 의한 분류

고도가 높을수록 일교차도 크고 서리도 내리지 않기 때문에 커피열매가 잘 숙성되며 밀도도 단단해진다. 코스타리카, 과테말라, 온두라스, 멕시코 등에서 이러한 분류법을 사용하며 다른 나라들은 고유의 등급을 분류해서 사용하고 있다.

■코스타리카

등급	고도(m)
SHB(Strictly Hard Bean)	1200~1650
GHB(Good Hard Bean)	1100~1250
HB(Hard Bean)	950~1100
MHB(Medium Hard Bean)	600~1200
HGA(High Grown Atlantic)	900~1200
MGA(Medium Grown Atlantic)	600~900
LGA(Low Grown Atlantic)	200~600
P(Pacific)	400~1000

■ 과테말라

등급	고도(m)
SHB(Strictly Hard Bean)	1600~1700
FHB(Fancy Hard Bean)	1500~1600
HB(Hard Bean)	1350~1500
Semi Hard Bean	1200~1350
Extra Prime Washed	1000~1200
Prime Washed	850~1000
Extra Good Washed	700~850
Good Washed	700

■ 온두라스

등급	고도(m)
SHG(Strictly Hard Grown)	1500~2000
HG(Hard Grown)	1000~1500
CS(Central Standard)	700~1000

■ 나라별 등급

커피의 등급은 커피 거래 기초의 하나로서 사용된다. 커피의 등급은 외적인 측면, 즉 커피 원두의 크기와 외관을 기준으로 하는 경우와 커피 생산지의 해발고도를 기준으로 하는 경우로 볼 수 있으며, 커피 생산국마다 별도의 등급 체계를 운용한다. 다음 표는 국가별 등급 체계를 나타낸 것이다.

등급체계	주요기준	적용국가
SUPREMO-EXELSO	주로 커피 원두의 크기와 외관	콜롬비아
AA-A-B-C	주로 커피 원두의 크기와 외관	케냐, 짐바브웨, 잠비아, 탄자니아, 우간다, 인도, 파푸뉴기니아, 푸에르토리코
PEABERRY-EXTRA FANCY-FANCY #1-PRIME	주로 커피 원두의 크기와 외관, 단 PEABERRY는 크기 기준에서 제외되는 것이나 최상급으로 분류됨	하와이
1-2-3	종합적 품질을 기준 1등급을 특별한 것으로 궁중에서만 구입, 일반적으로 수출 금지	에디오피아
1-2-3	2 수출, 3등급 내수용	수마트라, 자바, 슬라와시, 자메이카
SHB(Strictly Hard Bean)-HB	커피가 생산된 해발 고도	코스타리카, 과테말라, 엘살바도르, 파나마
SHB(Strictly Hard Bean)-HB-LG	커피가 생산된 해발 고도	멕시코, 니카라구아, 페루

■ 아시아/태평양 주요 커피 생산국과 등급

<table>
<tr><th>국가명</th><th>특징</th><th>주요 재배지역</th><th colspan="3">등급분류</th><th>비고</th></tr>
<tr><td rowspan="4">하와이
(Hawaii, 미국)</td><td rowspan="4">세계 3대 커피로 손꼽히는 하와이안 코나(Hawaiian Kona) 생산지</td><td rowspan="4">• Kona(코나)
• Kauia(카우아이)
• Molokai(몰로카이)
• Maui(마우이)</td><td>Kona Extra Fancy</td><td>19</td><td>10개 이내</td><td rowspan="4">스크린 사이즈 결점두 개수</td></tr>
<tr><td>Kona Fancy</td><td>18</td><td>16개 이내</td></tr>
<tr><td>Kona Caracoli No.1</td><td>10</td><td>20개 이내</td></tr>
<tr><td>Kona Prime</td><td>–</td><td>25개 이내</td></tr>
<tr><td rowspan="4">인도네시아
(Indonesia)</td><td rowspan="4">커피 열매를 먹은 사향고양이의 배설물에서 나온 커피로 만드는 루왁 커피(Kopi Luwak)는 세계적인 고가의 커피로 유명</td><td rowspan="4">• Sumatra (수마트라)
• Java(자바)
• Sulawesi (술라웨시) 등</td><td>Grade 1</td><td colspan="2">최대 11개</td><td rowspan="4">결점두 개수</td></tr>
<tr><td>Grade 2</td><td colspan="2">12~25개</td></tr>
<tr><td>Grade 3</td><td colspan="2">26~44개</td></tr>
<tr><td>Grade 4</td><td colspan="2">45~80개</td></tr>
<tr><td rowspan="4">인도
(Indo)</td><td rowspan="4">인도의 우기(몬순) 기간에 맞춰 인위적으로 숙성시킨 '몬순 말라바' 로 유명</td><td rowspan="4">• Karnataka (카리나타카)
• Kerala(케랄라)
• Tamil Nadu (타밀나두) 등</td><td>Plaritation PB</td><td colspan="2">피베리</td><td rowspan="4">스크린 사이즈</td></tr>
<tr><td>Plaritation A</td><td colspan="2">17</td></tr>
<tr><td>Plaritation B</td><td colspan="2">15</td></tr>
<tr><td>Plaritation C</td><td colspan="2">14</td></tr>
<tr><td rowspan="4">중국
(China)</td><td rowspan="4">• 최근 신흥 커피생산국으로 부상하고 있음
• 아라비카 생산으로 유명</td><td rowspan="4">雲南(운남, Yunnan)</td><td rowspan="2">Grade 1</td><td colspan="2">15~17 이상</td><td rowspan="4">스크린 사이즈 결점두 개수</td></tr>
<tr><td colspan="2">5% 이하</td></tr>
<tr><td rowspan="2">Grade 2</td><td colspan="2">12~14</td></tr>
<tr><td colspan="2">8% 이하</td></tr>
<tr><td rowspan="3">예멘
(Yemen)</td><td rowspan="3">세계 3대 커피로 잘 알려진 예멘 모카(Mocha) 커피의 산지, 커피의 귀부인이라는 별칭이 있다.</td><td rowspan="3">• Bani Mattar (베니 마타르)
• Haraz(하라지)
• Sana(사나)</td><td colspan="3">Mattari</td><td rowspan="3">재배 지역</td></tr>
<tr><td colspan="3">Hirazi</td></tr>
<tr><td colspan="3">Sanani</td></tr>
</table>

■ 라틴아메리카

<table>
<tr><th>국가명</th><th>특징</th><th>주요 재배지역</th><th colspan="2">등급분류</th><th>비고</th></tr>
<tr><td rowspan="5">브라질
(Brazil)</td><td rowspan="5">• 베트남에 이은 세계 최대의 커피생산국임
• 대규모 커피농장과 현대식 기계수확이 이뤄짐</td><td rowspan="5">• Minas Gerais (미나스 제라이스)
• Sao Paulo (상파울루)
• Espirito Santo(에스피리투 산토) 등</td><td>No.2</td><td>4개 이하</td><td rowspan="5">생두 300g당 결점두 개수</td></tr>
<tr><td>No.3</td><td>12개 이하</td></tr>
<tr><td>No.4</td><td>26개 이하</td></tr>
<tr><td>No.5</td><td>46개 이하</td></tr>
<tr><td>No.6</td><td>86개 이하</td></tr>
</table>

국가명	특징	주요 재배지역	등급분류		비고
콜롬비아 (Colombia)	• 마일드 커피로 유명 • 콜롬비아 커피생산자협회(FNC)의 감독하에 높은 품질의 커피를 생산	• Medellin(메델린) • Manizales(마니셀라스) • Bogota(보고타) • Armenia(아르메니아) 등	Supremo	17	스크린 사이즈 (1스크린 사이즈 =0.4mm
			Excelso	16	
			U.G.Q	15~16	
			C	14	
멕시코 (Mexico)	고지대에서 생산되는 '알투라' 로 유명	• Chiapas(치아파스) • Veracruz(베라크루즈) • Puebla(푸에블라) • Oaxaca(오악사카)	SHG	1,700m 이상	해발 고도
			HG	1,000m	
			Prime Washed	700~1,000m	
			Good Washed	700m 이하	
과테말라 (Guetemala)	• 스모크 커피의 대명사 안티구아로 유명 • 국토 대부분이 미네랄이 풍부한 화산재로 이뤄짐	• Huehuetenango(우에우에테낭고) • Antigua(안티구아) • San Marcos 산 마르코) • Coban(코반) 등	SHB	1,400m 이상	해발 고도
			HB	1,200~1,400m	
			SH	1,000~1,200m	
			EPW	900~1,000m	
자마이카 (Jamaica)	세계 3대 커피로 손꼽히는 블루마운틴(Blue Mountaion)의 산지로 유명	• Mavis Bank(마비스 뱅크) • Wallen Ford(월렌 포드)	No.1	18	스크린 사이즈 (해발고도 1,100m 이상에서 재배)
			No.2	17	
			No.3	16	
코스타리카 (Costa Rica)	• 커피가 국가 주요산업에 해당하며, 법적으로 아라비카 품종만 재배가 가능하다. • 고품질의 커피로 유명하다.	• Tarrazu(타라주) • Tre Rios(트레 리오스) • Turrialba(투리알바)	SHB	1,200~1,650m 이상	해발 고도
			GHB	1,100~1,250m	
			HB	800~1,100m	
			MHB	500~1,200m	

커피와 어울리는 음식

사람에게도 맞는 궁합이 있듯이 커피에도 함께 먹으면 좋은 음식들의 궁합이 있다.

1) 우유

커피에는 카페인이 함유되어 있어서 정신적 자극성을 준다. 공복 시에 커피를 마실 때는 위산의 분비가 많아져서 그 산을 중화시키는 능력을 가진 단백질과 함께 먹는 것이 좋다. 바로 중화작용을 하는 것이 우유이다. 우유에 들어있는 단백질은 위산을 중화시키고, 카페인을 분해해주는 역할을 해준다.

2) 견과류

커피는 고소한 견과류와 궁합이 맞다. 견과류가 들어간 빵이나 파이 과자 등과 함께 마시면 좋다.

3) 버터 / 치즈

버터가 듬뿍 발린 크로아상과 커피는 최고의 궁합이다. 기름진 빵과 원두커피는 잘 어울리는 음식으로 치즈케이크 한 조각과 커피 한 잔은 모든 사람들이 좋아하는 궁합 중 하나이다.

4) 초콜릿

블랙커피와 초콜릿은 상호보완 관계에 있다. 블랙커피와 초콜릿 이 두가지의 조화는 모카 커피와 같은 커피 음료를 개발하게 되었다. 달콤한 초콜릿과 씁쓸한 커피는 환상의 궁합이다.

5) 달걀

커피를 마실 때 프림 대신 달걀을 넣어 마시면 색다른 맛이 난다. 흰자만 거품기로 저어 거품을 낸 후 넣어주면 되는데, 커피의 풍미가 더 좋아진다고 한다. 커피의 온도가 너무 높게 되면 달걀이 덩어리지니 온도를 맞춰서 넣어야 한다.

커피 예절

1) 손님에게 커피를 대접할 때

커피는 누구나 부담 없이 즐길 수 있어 손님 접대용으로 좋은 음료이다. 회사나 집을 방문한 손님에게 커피를 대접할 때 지켜야 할 에티켓은 무엇이 있을까?

우선 커피를 대접하기 전 상대방의 기호나 취향을 물어보는 것이 좋다. 기호를 묻지 않고 커피에 크림과 설탕을 넣는다면 친절과는 거리가 먼 무례한 행동으로

오해받을 수 있기 때문이다. 또한 손님에게 커피를 낼 때에도 지켜야 할 예절이 있다.

커피를 내어갈 때 커피잔을 손에 들고 가기보다는 컵 받침을 이용하는 것이 좋다.

2) 티스푼과 관련된 에티켓

커피에 설탕, 크림을 넣거나 혹은 잔에 담긴 내용물을 저을 때 사용하는 티스푼이 티스푼을 사용하는 데도 주의해야 할 에티켓이 있다.

먼저 커피에 설탕을 넣을 때는 개인용 스푼보다는 공용의 설탕 전용 스푼을 사용하는 것이 좋다. 개인 스푼은 커피를 저을 때 사용하는 용도이기 때문에 설탕을 덜기에는 적합하지 않다.

사용이 끝난 스푼은 꺼내어 털지 말고 커피잔 뒤쪽에 살짝 놓아두는 것이 매너이다. 커피를 마실 때에 컵 안에 티스푼을 그대로 넣고 마시는 것도 예절에 어긋나는 행동이다.

3) 손 모양에도 커피 예절이 숨어있다

커피를 마시며 무의식 중에 취하게 되는 손 모양에도 커피 예절이 숨겨져 있다. 커피잔을 쥘 때는 엄지, 검지, 중지를 사용하여 손잡이를 가볍게 쥐어주는 것이 가장 좋은 자세이다.

커피를 마실 때는 컵 받침을 사용하지 않고 찻잔만 드는 것이 좋으며 양손으로 커피잔을 쥐기보다는 한 손을 이용하는 것이 좋다. 무릎 이하의 테이블에서 커피를 마시는 경우에는 컵 받침을 들고 같이 마시는 것도 괜찮다.

예의도 습관이라는 말이 있다. 커피 한 잔을 마시더라도 품위 있게 마신다면 중요한 자리에서 누구보다 센스 있는 사람이 되지 않을까?

참·고·문·헌

유대준(2009),COFFEE INSIDE

강란기, 채동진, 황호림(2014), 커피학개론, 도서출판 유강

김은지(2012), 내 입맛에 딱 맞는 60가지 커피수첩, 우듬지

한국커피협회(2016), 커피지도사, 커피두데이

송주빈(2010), 커피사이언스, 주빈

우인애, 박미영(2014), 바리스타를 위한 커피 입문서, 교문사

최병호, 권정희(2011), 커피 바리스타 경영의 이해, 기문사

정경호(2015), STEP UP LATTE ART, 아이비라인

강란기(2008), 커피용어해설, 도서출판 유강

최성일(2009), 커피트레이닝 바리스타, 땅에 쓰신 글씨

https://coffeecolumnstory.blogspot.com/2017/03/21.html

http://catalk.kr/food/coffee-consuming-nation.html

http://www.etoday.co.kr/news/section/newsview.php?idxno=1598340

저·자·소·개

■ 송성인

경기대학교 관광경영학과와 경희대학교 대학원 관광경영학과를 졸업하였으며, 이어 미국 AH&LA EI 호텔경영 전문가과정을 마치고 한양대학교 대학원 관광학과에서 박사학위 과정을 수료하였다. 현재 청주대학교 관광학부 호텔경영학전공 교수로 재직하고 있으며, 대외적으로는 각종 관련 자문회의 봉사는 물론, 관광 중등교원 임용고시 출제위원과 한국 관광호텔 총지배인 자격시험 및 호텔종사원 자격시험 출제위원 등으로 활동하고 있다.

■ 최재희

충남대학교 대학원 외식산업학과에서 외식산업 경영학을 전공하였으며 현재 동산교육문화센터 하늘정원 대표로 재직하고 있다. 한국커피협회 수석 실기평가 심사위원으로서 주요 활동은 청주대학교 평생교육원 바리스타 1급, 2급과정의 강의와 충북 보건과학 대학교 바리스타, 동산교육문화센타 바리스타, 대전 여성가족원 홈카페 마스터의 강사로 활동하고 있다.

또한, 발달장애인 기능경기대회 바리스타 직종 심사위원과 장애인 원스탑 창업지원 특별초빙 교수로서도 봉사하고 있다.

COFFEE Cantata Barista Service
(바리스타 이론과 실제)

2019년 2월 28일 초　판 발행
2022년 8월 31일 1판 2쇄 발행

저　자 송성인 · 최재희
발행인 한 인 환
발행처 도서출판 **기 문 사**
등　록 1978. 8. 9. NO. 6-0637
주　소 서울시 동대문구 안암로 50-1(용두동) 홍신빌딩 3층
전　화 02) 2265-7214 / 922-8662~8663
팩　스 02) 922-8772

homepage : www.kimoonsa.co.kr
e-mail : book@kimoonsa.co.kr

ISBN : 978-89-7723-820-6 03570

저자와의
협의하에
인지생략

정가 : 20,000원